Axel Burghausen

Abrahams Zelt

Gottes Geschichte mit den Menschen

Axel Burghausen

Abrahams Zelt

Gottes Geschichte mit den
Menschen

Herstellung und Verlag: BoD – Books on Demand,
Norderstedt
ISBN: 9783755781608

Inhalt

EINE GRÖßERE ÖKUMENE 9

1 DER MENSCH, DAS „BETENDE" TIER 12

1.1 UNHEILBAR RELIGIÖS? 12

1.2 ORDNUNG UND GEWALT: GÖTTER DES VORDEREN ORIENTS 19

1.3 BEWAHRER DES LEBENS...27

2 GOTT UND MENSCH ALS BÜNDNISPARTNER 36

2.1 EIN BOGEN IN DEN WOLKEN..36

2.2 GOTTES HEILIGES VOLK...44

2.3 INS HERZ GESCHRIEBEN...52

3 GOTTES ERSTGEBORENER: DAS JUDENTUM 57

3.1 DAS GESCHENK DER FREIHEIT 57

3.2 JHWH ALLEIN 64

3.3 DAS ENDE ALS ANFANG...72

3.4 INS RECHTE VERHÄLTNIS ZU GOTT 82

3.5 MÜNDLICHE TORA 87

3.6 ANKLAGEN UND ANBETEN...93

4 DURCH DEN SOHN ZUM VATER – DAS CHRISTENTUM 98

4.1 DER JUDE FÜR ALLE 98

4.2 MIT GOTT AUF DU UND DU 105

4.3 DAS WORT WIRD FLEISCH...108

4.4. FÜR DIE VIELEN 113

5 SICH DEM EINEN UNTERWERFEN: DER ISLAM 120

5.1 ZEIT DES UNWISSENS 120

5.2 GOTT DER ERHALTER ALLEN LEBENS 124

5.3 AUF DEM WEGE ZUR UMMA..133

5.4 WORT WIRD SCHRIFT 138

6 FEIER UND VOLLZUG DES GLAUBENS 142

6.1 AUSDRUCK UND EINDRUCK 142

6.2 SPIELE DER ERLÖSUNG 145

6.3 GEMEINSCHAFT SCHAFFT GEGENWART, GEGENWART SCHAFFT GEMEINSCHAFT 150

6.4 GEMEINSAM VOR GOTT VERWEILEN 156

7 ZUTRAUEN AUF DIE HOFFNUNG 159

7.1 IN DER GEGENWART ZUKUNFT FINDEN 159

7.2 IN CHRISTUS ERLÖST 163

7.3 UNVOLLENDETE ERLÖSUNG 168

7.4 VIELFALT STATT EINHEIT 171

7.5 UNTER DEM BLICK DES ANDEREN 176

8 PFLASTERSTEINE DES WEGES 178

8.1 EIN ETHOS FÜR ALLE? 178

8.2 OFFEN FÜR GOTT 182

8.4 EXKURS: WEGE DER FREUNDSCHAFT (DIE ALEVITEN) 189

9 GOTT UND DIE HERAUSFORDERUNGEN DES ALLTAGS - EIN BEISPIEL 195

LITERATURANGABEN ZU DEN JEWEILIGEN KAPITELN 201

Eine größere Ökumene

Das Zelt unseres Vaters Abraham hatte offene Zugänge von allen Seiten." Dieser Satz auf dem Fastentuch meiner Kirche animierte mich zum Titel dieses Buches. In zweierlei Weise sprach er mich an. Einerseits drückt er die notwendige Toleranz – oder besser: Wertschätzung – aus, die die drei monotheistischen Religionen füreinander aufbringen sollten. Sie alle berufen sich auf Abraham, der selber kein Jude, kein Christ und kein Muslim war, dessen Offenheit, Gott zu erfahren und seiner Führung zu folgen, ihn aber zum Stammvater dieser Religionen werden ließ. Andererseits drückt der Text des Fastentuches diese Offenheit aus, die den rechten Glauben ausmacht. Der Gläubige „hat" nicht Gott, er lässt sich von ihm immer neu betreffen, auch in Frage stellen. Glaubenserfahrung findet nirgends anders statt als im Wirrwarr des täglichen Lebens, und wie Freundschaften immer neu befestigt werden müssen und manchmal auch gefährdet sind, so entwickelt sich die Beziehung des Menschen zu Gott immer weiter. Wie der Wind durch das offene Zelt weht, so bläst Gottes Geist ungewohnte Herausforderungen und überraschende Kraft in unser Leben. Und dennoch hält das Zelt uns fest. Das Verlässliche und das Neue regen sich gegenseitig an.

Den ungefähren Plan dieses Buches entwickelte ich schon vor mindestens 20 Jahren, immer mit dem Gedanken im Hintergrund, dass es wohl bei diesem Plan bleiben wird. Ich habe es der Corona-Situation und der dadurch entstandenen Verschriftlichung meines Religionsunterrichtes in der Form meiner sechs Erläuterungs-Bücher sowie der Anregung und Hilfe meiner ehemaligen Kollegin und guten Freundin Claudia Schadt-Krämer zu verdenken, dass ich das Projekt in Angriff genommen habe und in Schreibfluss gekommen bin.

In meiner allerersten Vorstellung sollte das Buch „Ökumenische Heilsgeschichte" heißen. Von diesem Titel habe ich schnell Abstand genommen. Einerseits ist es mit dem Heil so eine Sache. Zwar haben die Religionen in ihrer Geschichte ihr Gottesbild immer weiter entfaltet, doch sind Besserwisserei und Fanatismus dadurch nicht geringer geworden. Und mindestens die möglichen Folgen religiöser Gewalt werden immer verheerender. Andererseits ist der Begriff „Ökumene" missverständlich, weil er in der Regel auf das Verhältnis der christlichen Konfessionen und Kirchen bezogen wird. Mir geht es aber um eine größere

Ökumene. Ich möchte im Nachzeichnen einer Entwicklungslinie zeigen, wie Judentum, Christentum und Islam aufeinander bezogen und miteinander verwandt sind. Erst seit Kurzem kenne ich den Begriff „vertikale Ökumene", den der Alttestamentler Othmar Keel geprägt hat und der meinem Plan einen Namen gibt.

Meine Erläuterungs-Bände waren unmittelbar auf meinen Unterricht in der Gymnasialen Oberstufe bezogen. Das ist bei diesem Buch nicht der Fall. Ich möchte es allerdings so formulieren, dass Schüler und Schülerinnen der Oberstufe meine Überlegungen verstehen können. Die einzelnen Aspekte möchte ich exemplarisch darstellen. Zu jedem Kapitel des Buches könnte man ganze Abhandlungen schreiben, und diese existieren ja auch. Ich möchte aber „nur" an zentralen und nachvollziehbaren Beispielen in verständlicher Sprache Entwicklungslinien des (gemeinsamen) Gottesglaubens aufzeigen.

1 Der Mensch, das „betende" Tier

1.1 Unheilbar religiös?

Ist der Mensch sein Gehirn, oder hat er es nur? Gibt es Geist bzw. Bewusstsein zusätzlich zur menschlichen Körperlichkeit? Über diese Frage streiten Philosophen und natürlich Neurobiologen. Eines gilt aber als sicher: Ohne Körper, ohne Gehirn ist menschlicher Geist nicht möglich. Deshalb ist natürlich auch die Religiosität des Menschen im Gehirn verankert. Es gebe ein „Gottes-Gen", verlautete es vor einigen Jahren. Heute weiß man, dass die Zusammenhänge nicht so einfach sind. Es sind verschiedene Hirnregionen, die miteinander wechselwirken und die religiösen Aktivitäten begleiten. Es gibt heute Messverfahren, die das Feuern der Nervenzellen im Gehirn feststellen können. Eines ist dabei relativ gut erforscht: Bei intensiver Meditation ergeben sich Veränderungen im oberen Scheitellappen, einem Bereich der Großhirnrinde. Diese Veränderungen bewirken, dass die Begrenzungen durch Raum und Zeit mental aufgebrochen werden und sich das Bewusstsein gleichsam im Zustand der Grenzenlosigkeit bewegt.

Neben der Frage, ob Religiosität für den Menschen „natürlich" ist, weil Gott ihm diese Fähigkeit ins Gehirn geprägt hat, steht die soziobiologische Frage, welche Vorteile das für den Menschen und seine Entwicklung eigentlich haben soll. Denn zunächst bedeutet die Ausübung von Religion einen zusätzlichen Aufwand neben den entscheidenden praktischen Betätigungen. Religion „kostet" etwas, zeitlich und finanziell. Wenn diese Kosten aber keinen Mehrwert brächten, wären religiöse Menschen in der Geschichte längst ausgestorben, weil sie den auf Wesentliches fokussierten Konkurrenten unterlegen wären. Im Gegenteil hat sich Religion aber immer durchgesetzt. Trotz aller Säkularisierung sind heute etwa 90% der Weltbevölkerung religiös (in einem weiteren Sinne des Begriffs). Welche Religion dabei ausgeübt wird, hat allerdings entscheidend kulturelle Gründe, ist von den Erfordernissen der Umwelt, von familiärer Tradition und Erziehung abhängig. Die grundsätzliche Empfänglichkeit des Gehirns wird durch Kultur strukturiert.

Zu der Frage, welcher Mehrwert durch Religion geschaffen wird, gibt es unterschiedliche Theorien. Es scheint aber so zu sein, dass Religion sich als eine Art „Nebenprodukt" wichtiger evolutiver Erfordernisse erweist. Der Soziobiologe Eckart Voland und der Theologe Caspar Söling nennen vier Hauptkomponenten: Mystik, Ethik, Rituale und Mythen. In einem Leben, das durch die Addition vielzähliger, oft zufälliger, Geschehnisse geprägt ist, konstruiert das menschliche Gehirn eine einigermaßen sinnvolle Ordnung, die zur Orientierung und zu wichtigen Entscheidungen benötigt wird. Religion begleitet diese Ordnung, die den Alltag gleichsam rastert. Um zu überleben, müssen die Menschen miteinander kooperieren, sie müssen sich aufeinander verlassen können und dabei manchmal auch den eigenen kurzfristigen Vorteil hintanstellen. Und sie müssen sichern, dass nicht Einzelne durch unkooperatives Verhalten zu sozialen Schmarotzern werden und damit letztlich die Solidarität aller gefährden. Schließlich festigen Mythen, also religiöse Traditionen, das Identitätsgefühl der Gruppe und grenzt sie von anderen ab. Religion erwies sich daher in der Menschheitsgeschichte als Evolutionsvorteil. Dazu passen moderne Untersuchungen, dass religiöse Menschen gesünder seien als nicht religiöse (Harold Koenig: „Ein Mangel an religiösem Engagement wirkt sich auf die Sterblichkeit genauso aus, wie wenn man vierzig Jahre lang täglich eine Schachtel Zigaretten raucht.") und dass sie mehr Kinder zeugen und sich intensiver um sie kümmern. Ohne Religion, so die Überzeugung vieler Wissenschaftler, sei die Menschheit also längst ausgestorben.

14

Als ich, noch in meiner Studienzeit; den damaligen Kantor der jüdischen Gemeinde in Münster, Zwi Sofer, fragte, warum Juden die Kipa, also ihre käppchenartige Kopfbedeckung, tragen, antwortete er mir, sie solle dem Träger immer verdeutlichen, dass es noch jemanden über ihm gibt, dass der Mensch nicht das Höchste ist. Diese Begründung ist historisch gesehen zwar eher sekundär, erklärt auch nicht, warum Frauen keine Kopfbedeckung tragen, macht aber einen wichtigen Anhaltspunkt religiösen Denkens deutlich: Da ist etwas außerhalb meines Zugriffs, das mein Leben bestimmt. Ich erinnere mich an eine Karikatur: In einem Aquarium unterhalten sich zwei Fische. Der eine sagt ärgerlich zum anderen: „Was, es gibt keinen Gott? Und wer wechselt uns das Wasser und gibt uns Nahrung?"

Ein eingeschränkter Blickwinkel führt zu einer beschränkten Sicht. Aus dem Glauben an eine Gottheit kann man noch nicht auf deren Existenz schließen. Und dennoch: Was lässt uns glauben, dass nur das existiert, was wir wahrnehmen können?

Der Theologe Heinrich Fries definiert Religion: „Religion ist die Bindung des Menschen an eine Wirklichkeit, die nicht mit ihm selbst identisch ist, aber ihn zugleich betrifft und bewegt, wie es nur von einer Wirklichkeit gesagt werden kann, die eine alles bestimmende Wirklichkeit ist." Die innere Erfahrung verweist auf dieses Mehr, darauf, dass alles, was der Mensch handhaben kann, sich nicht genügt. Dieses „Da ist noch etwas" meldet sich nicht zuletzt angesichts des Todes. Der Mensch ist – soweit wir wissen – das einzige Lebewesen, das nicht nur den Tod erleidet, sondern schon lange vorher seinen Hauch verspürt. Der Mensch weiß, dass er sterben wird, und es gehört zu seinen Lebensaufgaben, dieses Wissen zu verarbeiten. Die Erfahrung, letztlich machtlos und dem Zufall der Vernichtung ausgesetzt zu sein, ruft nach einem ordnenden Sinn, einer neuen Ebene. Auch dafür gilt: Der Ruf nach dieser Ebene bestätigt noch nicht deren Existenz. Aber wenn der Mensch sich seinerseits gerufen fühlt?

Meine eigene Definition von Religion lautet: „Religion ist das Überschreiten der eigenen Person als Bewusst-seins- und Handlungsakt mit dem Ziel, sich auf einem Weg innerhalb einer Gemeinschaft einem absoluten Beziehungspartner anzunähern, der als Ermöglichungs-grund dieser Überschreitung geglaubt wird, und damit zugleich dem eigenen Leben und den innerweltlichen Beziehungsgeschichten Richtung und Sinn zu geben." Religion ist also ein Überschreiten, das Wagnis, über sich selbst hinauszuschauen. Der Blick von einem zunächst konstruierten äußeren Punkt auf die eigene

Existenz ermöglicht es, einen ordnenden Zusammen-hang, d.h. Sinn, zu erfahren.

Aussagen über die Entstehung und die Frühgeschichte der menschlichen Religiosität zu machen, ist schwierig, da zwar ausgegrabene Artefakte vorhanden sind, aber keine Texte, die diese Gegenstände inhaltlich füllen. Ein ehemaliger Kollege, Hobbyarchäologe, sagte einmal ironisch, alles, was man nicht verstehe, werde zunächst als „kultisch" bezeichnet. Dennoch kann man einige Linien zumindest vermuten. Wenn z.B. Tote in Ost-West-Richtung bestattet werden, also ein Bezug zu Sonnen-unter- und Sonnenaufgang hergestellt wird; wenn andere Tote in Hockstellung die Geburt eines Embryos aus dem Schoß der Erde versinnbildlichen; wenn Tote mit Ocker bestreut werden, vielleicht als Zeichen für Blut, das neues Leben ermöglichen soll; wenn Grabbeigaben des alltäglichen Lebens mitgegeben werden, dann vermutet man einen Ritus, der den Übergang von einer Wirklichkeit in eine andere erleichtern soll. Wenn die Verstorbenen nahe dem eigenen Wohnplatz begraben wurden oder wenn die Schädel aufgebrochen wurden, um das Gehirn rituell zu essen, scheint der Wunsch vorhanden gewesen zu sein, den Toten mit seiner Energie am Leben der Familie teilnehmen zu lassen.

Solche Merkmale vorgeschichtlicher Religiosität sind mindestens ab der mittleren Altsteinzeit (ab ca. 100000 v. Chr.) feststellbar, wahrscheinlich aber schon von Anfang an (Was ist der Anfang?) vorhanden. Viele damit verbundene Theorien können aber durch neue Funde verändert werden.

Der frühe Mensch nahm sich (wohl) einerseits als Teil der Natur und von ihr abhängig, andererseits als etwas Besonderes, aus dem Tierreich herausgehoben, wahr. Er entwickelte – wenn auch in langen Zeitspannen – Techniken, sich die Natur dienstbar zu machen. Dabei erfuhr er sie ambivalent: Sie gebiert Leben, erhält und nährt es und verschlingt es wieder. Tonfigürchen einer weiblichen, sitzenden Gestalt mit Betonung der Geschlechtsmerkmale und ohne Gesicht lassen die ursprünglich abstrakte Vorstellung des Göttlichen vermuten: Die weibliche Fruchtbarkeit und Sorge symbolisieren die Geborgenheit in dem regelmäßigen Wechsel der natürlichen Zyklen von Sonne und Mond. Hierbei drückt sich auch die Erfahrung aus, dass die Frauen weitgehend allein mit der Sorge um den Nachwuchs beschäftigt waren, während die Männer auf der Suche nach Beute unterwegs waren. Auch die kunstfertig ausgemalten Höhlen dürften reine Kulträume gewesen sein, die den Schoß der Mutter Erde symbolisierten, denn sie wurden in der Regel niemals als Wohnplatz benutzt.

Diese frühen Formen des Religiösen mögen heute als primitiv erscheinen. Doch die Bewertung durch das Konzilsdokument „Nostra aetate" sollte auch in der vertikalen Betrachtung gelten: „Die katholische Kirche lehnt nichts von alledem ab, was in diesen Religionen wahr und heilig ist. Mit aufrichtigem Ernst betrachtet sie jene Handlungs- und Lebensweisen, …, die zwar in manchem von dem abweichen, was sie selber für wahr hält und lehrt, doch nicht selten einen Strahl jener Wahrheit erkennen lassen, die alle Menschen erleuchtet." (NA 2)

1.2 Ordnung und Gewalt: Götter des vorderen Orients

Die Jäger und Sammler der Altsteinzeit wurden im Neolithikum (der Jungsteinzeit) von den Ackerbauern und Viehzüchtern abgelöst, die gelernt hatten, die Natur zu kultivieren und den Ertrag zu planen. Diese bildeten dann die Grundlage für den nächsten Kultursprung: der Entstehung erster Städte und Staatsgebilde ab ca. 3000 v. Chr. Ebenso entwickelten sich die religiösen Vorstellungen, genauer gesagt, sie bekamen neue

Schwerpunkte. Aus der recht abstrakten Vorstellung der Natur, der Erde, die den Menschen Geborgenheit und Nahrung schenkt, aber auch Vernichtung bedeuten kann, entwickelten sich zunächst dingliche Vorstellungen des Göttlichen, die zum Mittelpunkt ritueller Handlungen und Tabus wurden, schließlich entwickelten sich personifizierte Götter, die in ihrer Natur, auch ihrer Widersprüchlichkeit, den Menschen ähnelten. In dieser Entwicklung drückte sich das neue Selbstbewusstsein der Städter aus. Die Mauern der Stadt, die Straßen und geplanten Wohnsiedlungen, die prächtigen Tempel und Paläste hoben seine Besonderheit hervor und trennten ihn von der ungestalteten Natur, die draußen bleiben musste. Der Mensch erkannte nicht mehr so sehr seine Verwandtschaft zum Tier, sondern hob seine Sonderrolle hervor. Götter konnte man sich nur als eine mächtige Steigerung der eigenen Fähigkeiten vorstellen. Zugleich nahm man die wilde Natur als Gefahr wahr, als Gefährdung der eigenen Existenz. Sie musste bekämpft, sie musste immer wieder gebändigt werden. Die Erde bot keine Geborgenheit mehr, sie wurde als Chaos verstanden, als dämonischer Widerpart der Ordnung. Man richtete sich nach dem Himmel aus, der alles steuerte und erleuchtete. Von den Gestirnen und Naturgewalten, vom regelmäßigen Rhythmus der

Jahreszeiten erhoffte man sich eine sichere Ordnung, die Reichtum und Wohlfahrt ermöglichte.

Die Veränderungen, auf die die Menschen stolz waren und die dennoch auch Angst erzeugten, drückten sich in mythischen Geschichten aus. Die junge Göttergeneration, die jetzt verehrt wurde, war aus den alten Göttern, dem Süß- und Salzwasser sowie der Erde hervorgegangen. Aber da die Jungen mit ihrem Gewimmel die Ruhe der Alten störten, sollten sie vernichtet werden. In einem mächtigen Kampf, so berichtet das babylonische Epos „Enuma elisch", vernichtete Marduk die Urmutter, den Chaosdrachen Tiamat, der das ungebändigte Meer repräsentierte, und schuf aus dessen zerstückeltem Leib die Ordnung der Welt, wie wir sie kennen. Aus dem Blut des Gottes Kingu, der die Ungeheuer im Auftrag Tiamats angeführt hatte, baute er die Menschen. Sie haben also etwas Göttliches, doch sind sie auch von ihrer Natur her schuldbeladen. Kreativität und Gewalttätigkeit bestimmen ihr Verhalten, sodass sie selber Garanten und Zerstörer der Ordnung sein können. Die Institution des Königtums wird so zum Bild der himmlischen Realität. Staatliche Gebilde benötigen Gesetze, die menschliches Verhalten in geregelte Bahnen lenken. Und die Menschen müssen den Göttern Opfer bringen. Denn einerseits gewinnen sie so ihre Gunst und dürfen auf reiche Ernten und gesunde Fortpflanzung hoffen, andererseits ernähren sich die Götter vom Opferrauch ihrer Anhänger. Marduk hat den Menschen geschaffen, damit er den Göttern die Arbeit abnimmt und sie ernährt.

Im nun weitgehend männlich dominierten Pantheon spielte die Göttin Inanna (sumerisch) bzw. Ischtar (babylonisch), die aber als Liebes- und Kriegsgöttin eher zweigeschlechtlich war, eine wesentliche Rolle. Die Geschichte ihres Untergangs und des Wiedererscheinens bzw. auch der Tod und die zwischenzeitliche Wiederauferstehung ihres Geliebten Dumuzi (Tamuz) bilden die mythische Erklärung für Fruchtbarkeit und Öde der Äcker im Ablauf der Jahreszeiten.

Der machtbesessenen Inanna genügte ihre Herrschaft über den Himmel nicht, sie wollte auch ihrer Schwester Ereschkigal die Kontrolle der Unterwelt entreißen. Doch auf dem Weg dorthin wurden ihr Zug um Zug alle Machtmittel entrissen, bis sie nackt und wehrlos dem Todesblick der Schwester erlag. Leblos wurde sie an einen Haken gehängt. Ihre Niederlage bewirkte aber, dass alle Vegetation, alle Fortpflanzung von Mensch und Vieh abrupt aufhörte. Alles blieb ruhig, jede weitere Entwicklung war unterbrochen. Mit einem Trick gelang es dem Gott Enki (für Handwerk und Cleverness zuständig), Speise und Wasser des Lebens in die Unterwelt schaffen zu lassen und Inanna wiederzubeleben. Sie durfte wieder zurück und ermöglichte neues Wachstum und Leben, musste aber jemanden als Ersatz stellen. Da ihr Liebhaber, der Hirtengott Dumuzi, offenbar sein Leben genoss, ohne sie zu betrauern, ließ sie ihn von Dämonen packen und in die Unterwelt werfen. Dessen Schwester Geschtinanna bewirkte aber, dass sie ihn in halbjährigem Wechsel ablösen konnte.

Die kriegerische Inanna war als Göttin der Liebe auch für die Paarung von Mensch und Vieh zuständig. Sie gewährte das gegenseitige Verlangen. Um daher die Fruchtbarkeit der Stadt zu ermöglichen, wurde jedes Jahr zum Neujahrstag „heilige Hochzeit" gefeiert. Der König der Stadt vereinigte sich mit einer Priesterin der Gottheit und spielte damit den göttlichen Geschlechtsakt von Inanna und Dumuzi nach. Ergebnis dieser Feier sollten reicher Regen sowie gesunder Nachwuchs im Verlaufe des beginnenden Jahres sein.

Das eher tragische Schicksal Dumuzis könnte damit zusammenhängen, dass die sesshaften Ackerbauern auf die nomadisierenden Hirten und ihre „unzivilisierte" Lebensweise herabsahen.

Während so im Jahreslauf das Leben immer wieder erneuert wurde, blieb das Schicksal des einzelnen Menschen hoffnungslos. Gerade weil sich das tägliche Leben verfeinerte und der Mensch seine Sonderrolle erkannte, wurde der Tod, auf den er unaufhaltsam zuging, noch stärker als Problem erkannt. Das „Gilgamesch-Epos", von Sinleqeunnini" ca. 1000 v. Chr. auf der Grundlage deutlich älterer mündlicher Überlieferungen verfasst, zeigt das Scheitern selbst der stärksten und mächtigsten Menschen angesichts des Todes. Die Geschichte bezieht sich auf einen historisch nachweisbaren König von Uruk ca. 2600 v. Chr.

Die Herrschaft Gilgameschs wird als stark und rücksichtslos beschrieben. Einerseits ließ er Uruk mit mächtigen Mauern befestigen und besiegte alle äußeren Feinde, andererseits verging er sich regelmäßig an den hübschen Mädchen der Stadt und ließ die Männer harte Zwangsarbeit verrichten. Er war so stark, dass niemand ihm Einhalt gebieten konnte. Als Reaktion auf die dringenden Gebete von Uruks Einwohnern schufen die Götter ein Wesen, das ihm ebenbürtig war: Enkidu war ein Naturmensch, mit den wilden Tieren auf Du und Du. Um ihn zu zähmen, sandte ihm der König die Dirne Schamhat. Sechs Tage und sieben Nächte trieben sie es miteinander, sodass die Erde erbebte. Danach wollten

24

die Tiere von Enkidu nichts mehr wissen, und Schamhat überzeugte ihn von den Verlockungen der Stadt. In Uruk kam es dann zu einem Aufeinanderprallen der beiden starken Männer, das aber mit gegenseitiger Sympathie und Freundschaft endete. Die Unternehmungen und Abenteuer lenkten Gilgamesch nun ab, sodass Uruks Frauen in Ruhe gelassen wurden.

Die Göttin Ischtar, Uruks Schutzgöttin, verliebte sich eines Tages in Gilgamesch, wurde von diesem aber höhnisch zurück-gewiesen, wobei er sich auf das Schicksal früherer Geliebter der Göttin bezog. Tief verletzt, sandte sie nun Ungeheuer, u.a. den von Gott Anu ausgeliehenen Himmelsstier, die aber jeweils von Gilgamesch und Enkidu besiegt und getötet wurden. Als Enkidu sie daraufhin verhöhnte, sandte sie ihm eine Krankheit, der er nach zwölf Tagen des Siechtums erlag. Gilgamesch war untröstlich über den Verlust des Freundes, und es wurde ihm bewusst, dass auch er einmal sterben müsse.

Auf einer entbehrungsreichen Wanderung gelangte Gilgamesch in ein eigentlich unzugängliches Gebiet, wo er Utnapischtim treffen konnte. Dieser, Vorbild für den biblischen Noach, hatte als Einziger mit seiner Frau die große Flut überlebt und war von den Göttern mit Unsterblichkeit belohnt worden. Dies blieb aber die

Ausnahme. Utnapischtim belehrte Gilgamesch dass es dem Menschen unmöglich sei, dem Tod zu entrinnen. Mit einer symbolträchtigen Aufgabe zeigte er ihm, dass er noch nicht einmal den Schlaf besiegen könne, wie viel weniger also den Tod. Als Trost wies er ihm aber den Weg zu einem speziellen Kraut, dessen Verzehr eine einmalige Verjüngung ermögliche. Unter großer Mühe gewann Gilgamesch dieses Kraut, doch als er in einem See badete, verschlang eine Schlange das Gewächs – und häutete sich. Unverrichteter Dinge musste der König wieder in seine Heimat zurückkehren. Eine Hoffnung über den Tod hinaus gibt es für den Menschen nicht.

Das Epos, das als das erste große Werk der Weltliteratur gilt, zeigt uns die Entwicklung der beiden Helden. Der zunächst völlig selbstsüchtige Gilgamesch reift zu einem Menschen, der Freundschaft empfangen und schenken kann. Gegen Ende seines Lebens scheint er sich weise mit dem Geschick jedes Sterblichen abgefunden zu haben. Er wurde sich bewusst, dass man im Leben nicht alles mit Gewalt erzwingen kann. Enkidu wird vom „kindlichen", unbewussten Naturmenschen zum erwachsenen Mann, der sexuell aktiv ist und die Erzeugnisse der Zivilisation zu schätzen weiß. Letztlich feiert auch dieses Epos die Überlegenheit der Stadt mit ihrer Ordnung über die unkultivierte Natur. Der Text endet mit einem Loblied auf die starken Mauern der Stadt Uruk (gleichzeitig ein Lob auf die Mauern Babylons).

1.3 Bewahrer des Lebens

Die Schöpfungstexte der Bibel sind wahrscheinlich in Kenntnis altorientalischer Mythen und in Auseinandersetzung mit ihnen entstanden. Manche Elemente sind gleich, z.B. dass Gott vorhandenes Material für sein Schöpfungswerk benutzt oder dass er Ordnung in eine chaotische Situation bringt, indem er die Einzelteile aufräumt und ihnen einen festen Platz zuordnet. In anderen Aspekten setzt sich die Bibel deutlich von ihren mesopotamischen Vorgängern ab. So ist es beispielsweise nicht nötig, dass Gott gegen finstere Chaosmächte kämpft. Der Vollzug seines Wortes genügt. Er hat den Menschen auch nicht erschaffen, damit er die Gottheit ernährt und ihr schwere Arbeit abnimmt, sondern umgekehrt hat er die Welt für den Menschen erschaffen.

Auch die biblischen Schöpfungserzählungen sind mythische Texte. Sie berichten nicht von tatsächlich historischem Geschehen. Vielmehr sind sie aus der

Erfahrung der Gegenwart heraus entstanden. Die Gebrochenheit menschlicher Existenz, persönliche und politische Gewalt erfahrener Geschichte, wird konfrontiert mit einem Idealentwurf des Anfangs. Wie die Welt gedacht war, entspricht nicht dem Zustand, wie sie ist. Der Mensch aber muss immer wieder an seinen Auftrag erinnert werden, den er nur sehr unvollkommen erfüllt. Adam (Mensch) ist daher der Leser (oder Hörer) dieser Texte.

Der zweite, aber ältere Text Gen 2-3 stellt den Menschen ganz in den Mittelpunkt. Er wird zuerst geschaffen, für ihn dann der Garten bepflanzt, der zugleich die Grundlage bietet, lebendige Wesen zu erhalten. Folgerichtig werden Meerestiere in der Geschichte nicht erwähnt, denn der Garten wird jetzt mit Tieren bevölkert, die der Obhut des Menschen übergeben werden. Schließlich findet dieser seine Entsprechung in der „Gleichheit" des weiblichen Wesens. Mythen, die von einer ursprünglichen „Ganzheit" des Menschen ausgingen, der dann in Mann und Frau auseinanderdividiert wird, gab es in der Antike häufiger (vgl. z.B. die Rede des Aristophanes in Platons „Symposion"). Der Autor von Gen 2 übernimmt diese Idee. Nur Gott selber kann etwas Ganzes sein, der Mensch (und die Tiere) sind aber getrennt in männliches und weibliches Geschlecht. Sich zu finden und neu vereinen, versinnbildlicht die menschliche Bemühung, zur Ganzheit zurückzufinden, und doch bleibt ein Rest von Fremdheit bestehen. Der Mensch ist und bleibt also ein Wesen, das auf Begegnung und Kommunikation angewiesen ist. (Unsinnig wäre es, aus der Reihenfolge der Schöpfung auf eine Unterlegenheit der Frau zu schließen, denn erst durch die Frau wird der Mann auch zum Mann.)

In anthropomorpher (menschenähnlicher) Weise wird dargestellt, wie sich Gott als Töpfer betätigt. Aus dem Lehm des Ackerbodens formt er den Menschen. Das Material macht die Verwandtschaft von adama (Erde) und adam (Mensch) deutlich. Anschließend haucht Gott dem Geschöpf naefaes ein. Hier ist nicht von einer (möglicherweise unsterblichen) Seele die Rede, auch nicht von einer „göttlichen" Natur des Menschen. Es drückt sich vielmehr die Überzeugung aus, dass alles Leben von Gott ermöglicht und erhalten wird. Naefaes (Kehle, Schlund) steht für die Atmung, die Leben überhaupt erst ermöglicht, symbolisiert aber auch menschliches Begehren, seine Emotionalität, Vitalität und Intentionalität. Es entspricht dem ganzheitlichen Charakter biblischer Anthropologie, dass die Begriffe für bestimmte Körperteile zugleich vielfältige seelische und geistige Aspekte des Menschen umfassen. Auch heute würden wir das Funktionieren des Herz-Lungen-Kreislaufs als Voraussetzung für die Tätigkeiten des Gehirns ansehen.

Der Mensch erhält die Aufgabe, den Garten zu bearbeiten und zu hüten. Auch nach der Vertreibung aus dem Paradies soll er sich durch die Bearbeitung des Ackerbodens ernähren. Der Schöpfungstext ist also im Kontext agrarischer Kultur entstanden. Auch das Paradies weist dem Menschen schon landwirtschaftliche Arbeit zu. Es ist kein Schlaraffenland, in dem Faulenzern die Nahrung in den Mund wächst. Strafe für den Sündenfall ist vielmehr, dass die Arbeit erschwert wird, weil der Boden (häufig) eine schlechtere Qualität aufweist. Von Anfang an gibt es für die Menschen Natur nur verbunden mit Kultur (lat. colere: pflegen, bebauen, kultivieren). Ein natürlicher Urzustand ohne Beeinflussung durch den Menschen ist für den Autor undenkbar. Als Nahrung werden dem Menschen zunächst nur die landwirtschaftlichen Produkte zugewiesen. Hier wird eine Utopie heilen Lebens an den mythischen Anfang verlegt: Das Blut anderer Lebewesen soll nicht vergossen werden, nicht von dem Menschen, nicht durch die Tiere. (Pflanzen wurden nicht als Lebewesen angesehen.) Man solle sich gegenseitig seinen Platz auf der Erde gönnen und friedlich kooperieren.

Der „Sündenfall" des Menschen zeigt sich ambivalent. Der menschliche Ungehorsam, mehr sein zu wollen, als er ist, zerstört in der mythischen Vorstellung die ursprünglich angelegte Harmonie: Das Verhältnis des Menschen zu Gott, das Verhältnis zum Mitmenschen, einschließlich des eigenen Lebenspartners, und das Verhältnis zur Natur bleiben gestört. Ein Idealzustand kann nie mehr erreicht werden. Aber zugleich beginnt eine Geschichte menschlicher Emanzipation. Gut und böse unterscheiden zu können, ist überhaupt erst die Grundlage moralischen Verhaltens, eröffnet aber leider auch die Möglichkeit zum Bösen. Geschichtliche und kulturelle Entwicklung vollziehen sich außerhalb des Paradieses. Sie machen uns zu dem, was wir sind. Diesen Fortschritt erkaufen wir aber mit unserer widersprüchlichen Natur, ständig bereit, uns und anderen im Wege zu stehen, Leben zu gefährden. Die erste Folge moralischer Erkenntnis ist die Scham vor der eigenen „Nacktheit".

Der Ungehorsam des Menschen ist in der Urgeschichte ebenso Thema wie die Barmherzigkeit Gottes. Der Abfolge von menschlicher Verfehlung – Strafe – göttlicher Barmherzigkeit begegnen wir wieder beim

31

Brudermord Kains (Lebensschutz des Heimatlosen), bei der Sintflut (Rettung Noachs) und in gewisser Weise beim Turmbau zu Babel (Bund mit Abraham). Adam und Eva werden aus dem Paradies vertrieben, aber Gott bekleidet und schützt sie vor der nun mörderischen Natur.

Gen 2-3 sollte nie den Ersatz für noch fehlende naturwissenschaftliche Erkenntnisse liefern. Thema ist nicht die Schöpfung der Erde und des Lebens, sondern ihre Erhaltung. Der Text diagnostiziert den Charakter menschlichen Wesens, sein Verhältnis zur Natur und seine Beziehung zu Gott. Der mythische Rückgriff auf einen idealen Ursprung beleuchtet die gebrochene und widersprüchliche Gegenwart. Dass Gott von der menschlichen Unzulänglichkeit weiß und seiner Schöpfung treu bleibt, ist die optimistische Sinnspitze der Erzählung. Auch morgen wird noch Land bewässert werden und werden Pflanzen wachsen. Und dennoch: Dass Gott seine Welt bewohnbar gemacht hat, fordert den Menschen auf, Verantwortung dafür zu übernehmen.

Die sehr viel jüngere Schöpfungsgeschichte Gen 1,1-2,4a unterscheidet sich in ihrer Form und ihrem Inhalt erheblich vom älteren Text. Sie ist aber nicht als

Konkurrenz, sondern eher als Ergänzung entstanden. Jedenfalls ist davon auszugehen, dass Gen 2-3 bekannt war, ebenso wie die wesentlichen orientalischen Mythen. Entstanden ist der formelhaft, feierliche Text, im Grunde zwischen Gedicht und Erzählung einzuordnen, um das Jahr 550 v. Chr. im Babylonischen Exil in Priester-kreisen. In Auseinandersetzung mit der polytheistischen Umwelt und der national orientierten Theologie des untergegangenen Staates Juda entwickelten Propheten der Exilzeit die Idee eines universalen Monotheismus. Der einzige Gott ist zugleich der Schöpfer der Welt. Im Gegensatz zur älteren Erzählung rückt hierbei stärker die Frage der Entstehung in den Mittelpunkt, letztlich geht es aber auch hier um eine Neudeutung der Gegenwart.

Die Erschaffung der Zeit gliedert das Geschehen und vermittelt Ordnung und Orientierung. Mit dem Unterschied von Finsternis und Licht entsteht der Rhythmus von Nacht und Tag, das heißt, die grundlegende zeitliche Einteilung wird geschaffen. Mit der Befestigung der Gestirne am vierten Tag entstehen Monat und Jahr als größere Einheiten. Schließlich bildet der siebte Tag den Zielpunkt der Woche. Der Ruhetag ist damit auch das Ziel der Schöpfung. Sie ist nicht mit der Erschaffung des Menschen beendet, sodass Gott sich jetzt davon erholen müsste, sondern erst mit dem Ruhetag vollendet Gott sein Werk (vgl. Gen 2,2). Einerseits ist alles Geschaffene funktional aufeinander bezogen und vernetzt, andererseits hat doch alles seine eigene Würde und seine Rechte. Der Sabbat verdeutlicht, dass die Werke nicht in ihrer Funktion aufgehen. Als Tag des ruhenden Gottes ist er zugleich Ort der Nähe Gottes bei den Menschen.

Die Tage 2-3 und 5-6 entsprechen einander. Durch „Scheidung", durch ein Aufräumen des ursprünglichen Chaos, durch das die Extreme dauerhaft voneinander getrennt werden, eröffnet Gott zunächst die Räume des Lebens. Er schafft eine Welt, die Leben ermöglicht. Dann füllt er diese Räume mit den zu ihnen passenden Lebewesen. Gott als Freund des Lebens gestaltet eine Welt, die Leben ermöglicht.

Der Mensch ist in Gen 1 nicht Ausgangspunkt, wird aber als Zielpunkt immer mitgedacht. Die Welt wird geplant für das Wesen, das sie nutzen und zugleich bewahren kann. Das häufig missverstandene Wort „kabasch" in Gen 1,28 meint nicht, der Mensch solle sich alles mit Gewalt unterwerfen, sondern er solle darin eintreten. Wie jemand, der sein neues Haus oder eine neue Wohnung zum ersten Mal betritt, so soll der Mensch das „Gebäude", das Gott ihm geschaffen hat, in Besitz nehmen. Und wer wird sein eigenes Haus gleich so behandeln, dass alles in sich zusammenfällt?

Missverstanden wurde auch häufig die Aussage, der Mensch sei als „Bild Gottes" geschaffen. Der hebräische Text formuliert hier viel vorsichtiger und vergleicht den Menschen mit einem Bild, genauer einer Statue, Gottes. Die antike Vorstellung war, dass die jeweilige Gottheit in ihrem Kultbild, der Statue im Tempel, als leerem Raum Wohnung nehmen und dadurch den Menschen nahe sein könne. So ist nach Gen 1,26 der Mensch – jedenfalls idealerweise – Ort der Anwesenheit Gottes in der Welt. Hat Gott die Lebensgrundlagen aller Lebewesen geschaffen, so soll der Mensch mithelfen, diese kosmische Ordnung zu bewahren. „Bild Gottes" ist keine Wesensaussage über den Menschen, als wenn dieser etwas Göttliches in sich trüge oder sich von anderen Lebewesen unterschiede, sondern es ist eine Funktionsaussage. Indem der Mensch im Sinne Gottes, als sein „Statthalter", agiert, wird Gott in ihm „abgebildet". Auch der Autor von Gen 1 weiß, dass der Mensch dieser Aufgabe häufig nicht entspricht. Einer Zeit politischer und sozialer „Unordnung" stellt er daher die von Gott eingeprägte Ur-Ordnung entgegen, sodass sich eine aktuelle Neuorientierung am mythischen Anfang ausrichten kann.

2 Gott und Mensch als Bündnispartner

2.1 Ein Bogen in den Wolken

B'rit (Verpflichtung, Vertrag, Bund) war im alten Orient zunächst ein staatsrechtlicher Begriff für ein Abkommen zweier ungleicher staatlicher Gebilde. Ein Hegemonialreich ging die Verpflichtung ein, den schwächeren Staat zu schützen, verlangte aber Gegen-leistungen in einem gewissen Umfang. Im Verlaufe der atl. Entwicklung übernahmen Theologen den Bundesbegriff, um das besondere Verhältnis des Gottes JHWH zu den Menschen (bzw. seinem Volk Israel) zu begründen. Dieses Verhältnis wurde von Gott in eigener, souveräner Entscheidung eingegangen, einer Gegenleistung bedurfte er eigentlich nicht, doch sollte das menschliche Verhalten die Wirksamkeit des göttlichen Geschenkes nicht beeinträchtigen. Später wurde der Begriff b'rit auch zivilrechtlich, z.B. für Verträge von Geschäftsleuten, verwendet.

Gen 6-9, die biblische Geschichte von der Sintflut (sint = langanhaltend, gewaltig) besteht aus mindestens zwei Quellenschriften, die in einer häufig widersprüchlichen

Weise ineinandergeschoben wurden. Ein Bundes-schluss Gottes mit Noach und seinen Nachkommen wird dabei erst in der jüngeren Überlieferung durch Priesterkreise in der Exilzeit erwähnt, fußt aber auf Gottes Sorge um ein Fortbestehen des Lebens und seiner Bereitschaft, den menschlichen Schwächen entgegen zu kommen, wie das auch schon in der früheren Überlieferung thematisiert wurde. Ich werde mich daher in meinen Überlegungen auf den vorliegenden Text der Endredaktion beziehen.

Auch die biblische Sintflut-Geschichte beruht auf einem mesopotamischen Vorbild. Dort vollzog sich aber die große Flut im Kontext der Auseinandersetzung verschiedener Götter. Die Menschen sollten vernichtet werden, weil Enlil, einer der Hauptgötter, sich durch ihren Lärm gestört fühlte. Gegen dessen ausdrückliche Weisung und durch einen Trick gelang es dem kunstreichen Gott Enki, Utnapischtim zu warnen und ihn zum Bau eines Schiffes zu motivieren. Das Überleben einiger Menschen (und Tiere) erscheint also eher als eine Art Betriebs-unfall, der später bemäntelt wurde, indem Utnapischtim in den Kreis der Götter aufge-nommen wurde. Letztlich waren die Götter aber über diesen Ausgang froh. Ihnen war nicht bewusst geworden, dass sie ohne Menschen selber für ihre Ernährung arbeiten müssten. Als der überlebende Utnapischtim sein erstes Opfer darbrachte, fielen die Götter „wie Fliegen" ein, um sich am Opferrauch zu nähren. Die große Flut hatte sie hungern und dürsten lassen.

Aus den Götterkonflikten Mesopotamiens musste die Bibel einen inneren Konflikt des einen Gottes machen. Dieser Gott, der als Schöpfer Leben ermöglicht hat, „bereut" sein Werk. Schuld für diesen Sinneswandel ist die Neigung des Menschen zur Gewalt. Dieser menschliche Charakterzug wird schon in den frühen Schichten der biblischen Überlieferung ausführlich motiviert. Die Entscheidung des Menschen, eine behütete, aber unselbständige Harmonie aufzugeben und die eigene Autonomie – auch in sittlichen Entscheidungen – zu suchen (Gen 3), korrespondierte nie mit einem Gewissen, das auf der Basis natürlicher Veranlagung stets das Gute anzielte. Der Lebensweise nicht paradiesischer Welt entsprach der erste Brudermord (Gen 4, 1-16), der das menschliche Aggres--sionspotential illustriert. Gewalt bleibt aber nicht ohne Folgen und färbt auf die Umgebung, die organische und nicht organische Welt, ab. Die von Gott „sehr gut" geschaffene Welt ist vom Menschen „verpfuscht" worden.

Dieser Einsicht entspricht Gottes Entscheidung, alles rückgängig zu machen. Sie betrifft eben nicht nur die Vernichtung der Lebewesen, sondern der ganzen Lebensumgebung. Wenn die Erde kein Raum mehr für gutes Leben ist, braucht auch sie nicht mehr zu existieren. Am zweiten Schöpfungstag hatte Gott die Urflut in den Himmelsozean und die unteren Fluten getrennt (Gen 1,7), am dritten Tag die trockene Erde aus dem lebensfeindlichen Meer herausragen lassen (Gen 1,9). Nun öffnet er die Schleusen oben und unten, stellt das ursprüngliche Chaos wieder her und zielt damit die völlige Vernichtung an. Der Fehler wird „ausradiert".

Hätte Gott konsequent gehandelt, gäbe es diese Geschichte nicht und niemanden, der sie liest. Mit der Rettung Noachs, eines gerechten Menschen, und seiner Familie sowie einiger Exemplare der Tierarten bereitet sich schon Gottes spätere Entscheidung vor, seine „Reue" wiederum zu bereuen. Es entspricht auch der Logik der Erzählung, stellt aber eine weitere Inkonsequenz dar, dass alle Meerestiere nicht von der Vernichtung betroffen sind. Das Leben wäre also nicht vernichtet worden.

Alle Versuche, eine universale Flut zu terminieren bzw. den Standort der „Arche" zu lokalisieren, gehen an der theologischen Aussage des Textes vorbei. Die Erzählungen von einer großen Flut sind ohne Zweifel von Überschwemmungskatastrophen beeinflusst, die jeweils regional das Leben der Menschen gefährdeten, nie aber universal den Bestand der Erde. Der Kasten, den Noach nach Gottes Anweisung bauen sollte (kein Schiff wie im babylonischen Mythos), ist literarische Fiktion. Die Flut trennt in der Bibel eine verlorene Urmenschheit von der historischen Menschheit, die als Ursprung aller heutiger Menschen dargestellt wird.

Nach der Flut und dem erneuten Austrocknen der Erde, d.h. nach vollzogener Rettung, bringt Noach Gott ein Opfer dar. Dieser „riecht" das Opfer und ändert endgültig seine Einstellung zu einer unvollkommenen Schöpfung. Im Gegensatz zu den Göttern der Babylonier braucht er den Duft nicht zur Nahrung, aber er erregt sein Wohlwollen. Gott kehrt um und verspricht, Leben nie mehr zu vernichten. Diese Wankelmütigkeit Gottes, der seine Schöpfung bereut und dann deren Vernichtung auch wieder bereut, könnte manchen Gläubigen stören. Weiß Gott nicht immer alles, was geschieht? Und sind seine Entscheidungen nicht unveränderlich, auch weil er keine Fehler machen kann. Die anthropomorphe (menschenartige) Darstellung Gottes, der sich selber korrigiert, erscheint wie ein Widerspruch. Aber ist eine solche Vorstellung nicht notwendig, um die Erfahrung zu formulieren, dass Gott in die menschliche Geschichte eingreift? Denn wie Geschichte sich wandelt, muss sich auch Gott verändern, sonst bleibt er immer außerhalb der geschichtlichen Entwicklung. Eine solche souveräne und nur transzendente Gottheit hätte sich auch nicht in Jesus inkarnieren (verleiblichen) können.

Gott verspricht, die Erde (solange sie besteht, was ein natürliches Ende durchaus offenlässt) nie wieder zu zerstören. Mit dieser Selbstverpflichtung garantiert er den Lebensraum für Mensch und Tier, ebenso garantiert er die regelmäßigen Zyklen von Nacht und Tag, Sommer und Winter, die ein Bebauen der Erde und damit die Ernährung der Menschen überhaupt erst ermöglichen. Er will also die Erde mit ihren Pflanzen und Tieren nicht mehr in Kollektivhaftung für die Verfehlungen der Menschen nehmen. Aber er ist auch bereit, die problematische Unvollkommenheit des Menschen ein Stück weit zu „akzeptieren". Aus dem göttlichen Idealisten wird ein Realist. Ging die Schöpfung von einer harmonischen Welt aus, auf der jedes Lebewesen seinen Bereich besaß, in den andere nicht eindrangen, ging Gott also davon aus, dass Menschen und Tiere vegan leben und Gewalt nicht notwendig ist, gestattet er jetzt dem Menschen, sich von Fleisch zu ernähren und seine Überlegenheit den Tieren aufzuzwingen, etwa indem er sie zu seinem Gebrauche zähmt. Gottes Direktiven werden der bestehenden Wirklichkeit angepasst, er ist auch mit der „zweitbesten aller möglichen Welten" einverstanden.

Entschieden verbietet er aber den Mord an Mitmenschen, „gebietet" dabei sogar die Todesstrafe. Nach der alten Rechtsordnung, die Strafe müsse dem Vergehen entsprechen (Talionsrecht), könne zerstörtes Leben nur mit zerstörtem Leben gesühnt werden. (Die Todesstrafe gilt auch für Tiere, die Menschen töten.) Ebenso verbietet Gott den Verzehr von Blutigem. Von dieser Bestimmung leitet sich die Praxis des Schächtens in Judentum und Islam her. Blut wurde als Sitz des Lebens angesehen, und letztlich habe nur Gott Zugriff auf das Leben, das er selbst geschenkt hat. Auch dieses Gebot begrenzt die irdische Gewalt, denn es macht dem Menschen bewusst, dass er trotz Gottes Erlaubnis nicht unbegrenzt Herr über die Tiere sein kann.

Als Zeichen seiner Selbstverpflichtung und des Bundes mit den Menschen setzt Gott seinen Bogen an den Himmel. Auch nach starkem Regen wird die Sonne wieder scheinen, und der Regenbogen, das Bundeszeichen, wird sichtbar, auch um Gott immer wieder an seinen Vorsatz zu erinnern. In der Mythologie der antiken Welt wurden die Blitze immer wieder mit Pfeilen identifiziert, die der Sturm- und Gewittergott in seiner Aggressivität abschießt. Wenn Gott seinen Bogen weghängt, verzichtet er darauf, alles Lebendige zu zerstören.

Die konkreten Gebote (Todesstrafe und Verbot des Blutgenusses) sind sicher zeitbedingt und müssen von ihrer Intention her verstanden werden. Wichtiger ist, dass Gottes erster biblischer Bund nicht mit dem Volk Israel, sondern mit der ganzen Menschheit abgeschlossen wurde. Jüdische Theologie spricht hier vom „noachitischen Bund". Er sprengt alles selektive und exklusive Denken. Der Wahl „seines Volkes" geht Gottes Hinneigung zur ganzen Menschheit voraus. Auch das macht Gottes Güte deutlich: Er ist nicht nur bereit, den Menschen so hinzunehmen, wie er nun einmal ist, er verlangt noch nicht einmal eine besondere Verehrung. Weil der Mensch von der Schöpfung an Gottes Zuneigung genießt, deshalb garantiert dieser ihm seinen Schutz und seine Nähe.

Das Logo der Dormitio-Abtei in Jerusalem ist das Regen-bogenkreuz, angeregt durch eine Felsritzung auf dem

Sinai. Das Kreuz steht im Zentrum. Als Zeichen der zwölf Stämme Israels laufen die Kreuzarme jeweils in drei Spitzen aus. Über allem wölbt sich der Regenbogen. Dieses Kreuz vereinigt Gottes Bundesschlüsse: den „neuen" Bund durch die Hingabe Christi, den speziellen Bund mit dem Volk Israel und den universalen Bund mit der Menschheit.

2.2 Gottes heiliges Volk

David, skrupelloser Machtmensch und gewiefter Taktiker, vereinigte Nord- und Südstämme, die zunächst unterschiedliche Traditionen und Interessen mitbrachten, zu einem einheitlichen Staat Israel und eroberte ca. 1000 v. Chr. die Jebusiterstadt Jerusalem, um sie zu seinem persönlichen Besitz und zur Hauptstadt zu machen. Nach Kämpfen gegen die Moabiter und die Ammoniter gelang es ihm, ein Reich mittlerer Größe zu errichten. Dabei kam ihm ein Machtvakuum der damaligen Großmächte zustatten. Schon 926 v. Chr. fiel das Reich wieder auseinander. Im kleinen, abseits gelegenen und damit ein wenig geschützten Staat Juda mit der Hauptstadt Jerusalem hielt sich die Königsdynastie Davids aber noch bis zur völligen Katastrophe 587 v. Chr.

Davids Erfolge konnten also nicht wiederholt werden. Damit wurde er für viele zum Ur- und Sehnsuchtsbild israelitischer Macht. Dieses Bild wurde immer wieder durch die Jerusalemer Königspropaganda lebendig gehalten. Andere, die den Niedergang des Staates reflektierten, erkannten seine Spuren schon von Anfang an und machten das Königtum nach dem Vorbild altorientalischer Könige für den Untergang verant-wortlich (vgl. z.B. 1 Sam 8). So wurde auch am biblischen Text immer wieder gefeilt und verändert, sodass David in seiner Widersprüchlichkeit zwischen dem heiligen Helden der Propaganda, der den Philister Goliat besiegt haben soll und aus dessen Feder angeblich zahlreiche Psalmen stammen, und dem rücksichtslosen Gewaltmenschen, der einen erfahrenen Krieger in den Tod schickte (2 Sam 11), um sich dessen Frau zu sichern, dargestellt wird. (Der Schriftsteller Stefan Heym verarbeitete diese Widersprüchlichkeit 1972 in seinem amüsanten Roman „Der König David Bericht".)

Zur Sicherung der Herrschaft in einem neuen Königreich gehörte immer auch der Bau eines Tempels für den „Reichsgott". So wurde die Gottheit gnädig gestimmt und das Volk hatte ein Zentrum der Macht vor Augen. Man wusste, dass David den Bau eines Tempels geplant, dann aber nicht durchgeführt hatte. Stattdessen vollendete erst sein Sohn Salomo dieses Vorhaben. Was aber hatte den mächtigen König von diesem Bau abgehalten? Vielleicht hatte er Angst, die kanaanäische Bevölkerung Jerusalems zu provozieren. Vielleicht widersprach es auch noch dem Selbstverständnis des eigenen Volkes, das, aus nomadischer Tradition stammend, das Leben in Städten nicht gewohnt war. So bildete die „Lade", ein tragbarer Kasten, den Ort von Gottes unsichtbarer Gegenwart, beweglich, wie das Volk und sein Gott eben bisher gewesen waren.

Spätere Zeiten formulierten zur Erklärung des nicht vollzogenen Tempelbaus die Weissagung des Propheten Natan. Auf Davids Wunsch, Gott einen Tempel zu errichten, habe Gott seinerseits angekündigt, er werde David ein „Haus" bauen, und das Königtum seiner Familie werde „ewigen Bestand" haben (2 Sam 7,1-16). Auf diese Zusage (vgl. auch Ps 132) stützte sich dann die Königsideologie im Staat Juda. Weil ein Nachkomme Davids auf dem Thron sitzt und Jerusalem Gottes Ort auf Erden ist (Zionstheologie), deshalb könne dieser Staat nicht besiegt und diese Stadt nicht eingenommen werden. Es gebe eine Art magischen Schutz, auf den man sich verlassen könne. Es sei also einzig Gottes Bund mit dem Königshaus, der dem Volk notwendigen Schutz gewähre. Die damit verbundene Zuversicht wurde noch dadurch gestützt, dass Juda die Eroberungswelle der Assyrer und die Zerstörung des Nordreichs 722 v. Chr. überstanden hatte. Als dann die Katastrophe doch eingetreten war, suchten die jüdischen Theologen des Exils nicht nur nach den Gründen des Scheiterns in den Verfehlungen von König und Volk, sondern entwickelten auch neue Ansätze einer Bundestheologie.

Die Theologen aus Priesterkreisen sammelten und ergänzten Überlieferungen von Abraham und gingen damit in eine Zeit zurück, als es kein Volk Israel und erst recht keinen König Israels gegeben hat. Während mit Noach die (freilich mythisch gewandete) historische Menschheit beginnt, die zum Adressaten eines göttlichen Bundes wird, so richtet sich der Blick jetzt auf eine einzige Person und deren Nachkommen. Abrahams Familie stammte aus Ur in Chaldäa (Chaldäer ist ein Begriff für die Babylonier der Exilzeit), also aus dem Süden des heutigen Irak. Sie wanderte zunächst nach Haran (im Südosten der heutigen Türkei) und blieb dort hängen. Nur Abraham wandte sich von dort nach

Südwesten und gelangte – mit einem zeitweiligen Aufenthalt in Ägypten – ins heutige Palästina. Wenn man die Gebiete, in denen sich Abrahams Familie zunächst aufhielt, betrachtet, dann waren das Siedlungsgebiete jüdischer Gemeinden in der Zeit des Exils. Abrahams Weg in das versprochene Land bildete also Israels erhofften Weg zurück in ihre Heimat ab. Abraham kann so zum Vorbild werden, weitab späteren politischen Niedergangs.

Gottes Aufforderung an Abraham, er solle sich auf den Weg machen, ist zwar mit einer Verheißung verbunden, enthält aber kein Ziel (Gen 12,1-3). Abraham wird zugemutet, ins Blaue hinein zu reisen, und auch die „Belohnung" wirkt seltsam fern und unwirklich. Die Kinderlosigkeit der Familie lässt nicht auf eine reiche Nachkommenschaft hoffen und auch der Besitz von Land ist nirgends absehbar. Dass Abraham sich tatsächlich aufmacht – mit allen Risiken, die damit verbunden sind -, zeugt von seiner Bereitschaft, diesem Gott, den er eigentlich noch gar nicht kennt, zu vertrauen. Was ihm aber versprochen wird (Land, großes Volk, Segen), sind eigentlich Verheißungen für Könige. Dieser eine, machtlose, Vieh züchtende Nomade soll etwas anstoßen, das später – vielleicht – Wirklichkeit werden kann: Gottes besondere Nähe.

Israels Bund mit Gott ist also nicht auf ein Königshaus konzentriert. Er gilt allen Nachfahren Abrahams, wird sozusagen demokratisiert. Das bedeutet aber auch, dass jeder Jude für diesen Bund verantwortlich ist, einer Vermittlung von Königen (oder auch von Priestern mit ihren Opfern) bedarf es nicht. Gott verspricht wiederum zahlreiche Nachkommenschaft und Land, für Heimatlose erstrebenswerte Ziele. Und er bindet sich in einer drastischen Weise: Abraham schlachtet Tiere und halbiert sie, so dass zwischen den Hälften eine Gasse entsteht. In Form des Feuers fährt JHWH durch diese Gasse hindurch (Gen 15). Der Brauch, zwischen den Hälften zerlegter Tiere hindurchzugehen, war in der Antike ein symbolischer Akt des Vertragsabschlusses. Wer diesen Vertrag bricht, dem solle es so ergehen wie diesen Tieren. Dass Gott sich selbst symbolisch eine solche Verpflichtung auferlegt, macht deutlich, wie ernst ihm damit ist. Gottes Bündnisangebot ist aber wie ein Scheck, er muss vom Empfänger noch eingelöst werden. Die Bereitschaft Abrahams und seiner Nachkommen, den Bund mit Gott zu vollziehen, erweist sich in der Beschneidung der männlichen Vorhaut (Gen 17). Dieser Ritus, der ursprünglich vielleicht hygienische oder magische Hintergründe hatte, war bei vielen semitischen Völkern der damaligen Zeit üblich, nicht aber bei

Indoeuropäern (z.B. den Philistern), auch nicht bei Babyloniern und Assyrern. Da gesagt wurde, dass Abraham aus dieser Gegend stammt, ist ihm die Beschneidung noch nicht vertraut. Er muss sie nachholen. Für die Zeit des Exils wird deutlich, dass die Juden sich nicht an die Völker der Umgebung assimilieren sollen. Sie sollen sich unterscheiden, auch wenn das kurzfristig Nachteile bringt, und ihren eigenen Weg mit Gott gehen.

Gott benennt Abraham um (er hieß vorher Abram). Die beiden Namen unterscheiden sich in ihrer Bedeutung kaum, doch die Umbenennung ist eine Machtgeste des Stärkeren: Abraham gehört Gott jetzt in besonderer Weise. In ähnlicher Weise heißt Abrahams Frau Sarai nun Sara.

Die Bundesgeschichte, die mit Abraham beginnt, wird am Sinai nur weitergeführt. Jetzt haben sich Abrahams Nachkommen zu einem „großen" Volk entwickelt. Verbunden mit vielfältigen Geboten und Satzungen, die eine Ur-Verfassung des Gottesvolkes darstellen (u.a. dem Dekalog), vollzieht sich der Bundesschluss in Rede und Antwort. Gott hat dieses Volk erwählt, nicht weil es besondere Leistungen erbracht hat oder besondere Eigenschaften besitzt, sondern weil er Zuneigung zu ihm empfindet. Es ist wie die bedingungslose Liebe der Eltern für ihr Neugeborenes, obwohl sie nicht wissen können, wie sich dieses Kind einmal entwickelt. Das mit „persönliches Eigentum" (Ex 19,5) übersetzte Wort meint dabei eine Kostbarkeit, die dem Besitzer besonders am Herzen liegt. Zwar ist JHWH nicht einfach ein Nationalgott, ihm gehöre „die ganze Erde". Doch Israel adoptiert er sozusagen zu seiner Familie.

Das Volk wird von Mose, der als Vermittler agiert, geheiligt (Ex 19,14), und mit einem Blutritus (Ex 24,5-8) wird der Bund mit Gott geschlossen. Ein Altar wird errichtet, junge Stiere werden geopfert, und mit dem Blut das Stiere wird zur Hälfte der Altar und zur Hälfte das Volk besprengt. Das gleiche Blut verbindet Gott und Israel. Dass alle mit Blut besprengt wurden, war völlig ungewöhnlich und kam sonst nur Priestern bei ihrer Weihe zu. Das Volk Israel erhält hier also priesterliche Funktion. Als Volk soll es Gottes Nähe zu den Menschen versinnbildlichen.

Voraussetzung des Bundesschlusses ist aber die Zustimmung der Israeliten, die mehrmals (Ex 19,8; 24,3) akklamatorisch deutlich wird. Israel ist bereit, „zu tun und zu hören" (in der Reihenfolge). Das heißt, dass die Menschen nicht nur die in Ex 20-23 genannten Bestimmungen einhalten wollen, sondern dass sie auch über sie hinaus auf Gott hören und seinen Willen in ihrem Leben verwirklichen wollen.

Als Zeichen des geschlossenen Bundes dürfen Vertreter des Volkes auf den Gottesberg steigen und dort ein Festmahl halten. Dort lässt sie Gott sein Angesicht sehen, ohne dass sie dadurch – wie sonst – ihr Leben verlieren. Intimer kann die Gemeinschaft Gottes mit Israel nicht dargestellt werden.

2.3 Ins Herz geschrieben

Die Propheten der Exilzeit versuchten, die geistigen Trümmer der staatlichen Katastrophe wegzuräumen. Sie arbeiteten die Gründe für die Katastrophe auf und formulierten Hoffnungsvisionen, dass doch nicht alles zu Ende ist. Einer dieser Propheten, dem Jer 31,31-34 zugeschrieben werden kann, bezieht sich auf die gesellschaftliche Analyse des Propheten Jeremia, der Korruption und Betrug im Verhalten seiner Mitmenschen entlarvte (Jer 6,13; 9,4f.). Das Volk laufe nicht nur fremden Göttern nach, sondern sei eben auch kein Volk. Jeder denke nur an sich. Ein Neuanfang aber, so reflektiert der Exil-prophet, erfordere andere Menschen, sonst lasse die nächste Katastrophe nicht auf sich warten. Ein „neuer" Bund erfordere also einen „neuen" Menschen.

Im Mittelpunkt des bisherigen Bundesdenkens hatte das Hören gestanden. Sich auf Gottes Willen einzulassen, ist dann die Voraussetzung für richtiges Handeln. Nun aber – so der Autor von Jer 31 – werde Gottes Gesetz nicht mehr auf Steintafeln oder andere Materialien geschrieben. Gott schreibe es direkt ins menschliche Herz, sodass es zur Natur des Menschen gehören werde, Gott anzuerkennen und ihm zu folgen. „Erkenntnis" Gottes, also die alltägliche Gewissheit, in Gott geborgen zu sein, wie sich auch die Vorfahren auf diesen Gott verlassen konnten, müsse dann nicht mehr gesucht oder erlernt werden.

Jer 31,31, die einzige Textstelle im AT, die von einem „neuen Bund" spricht, hat im NT eine folgenreiche und meist verhängnisvolle Wirkungsgeschichte erzielt. Wollte man meinen, dass sich die Ankündigung des Propheten in Jesus Christus erfüllt habe, müsste man doch feststellen, dass Gottes Wille in Christen naturgemäß verankert sei. Deren Verhalten, auch und gerade gegenüber Juden, zeigt aber deutlich anderes. Außerdem meint die Rede von einem neuen Bund nicht, dass der bisherige wertlos geworden ist. Nicht der Bund selbst soll verändert werden, sondern die Menschen, die ihn schließen.

Die Überlieferungen vom letzten Abendmahl Jesu bei Mk und Mt konzentrieren dessen Becherworte parallel zu den Deuteworten über das Brot. Brot als Leib Christi, Wein als Blut Christi stehen jeweils symbolisch für Jesu Selbsthingabe am Kreuz. 1 Kor 11,17-34 sowie die aus derselben Tradition stammende Fassung bei Lk nehmen dagegen die Worte vom „neuen Bund" auf. Es ist nun Christus, der den zerbrochenen Bund Gottes mit den Menschen durch seine Bereitschaft, auch in der äußersten Situation an seinem „Vater" festzuhalten, wieder gekittet hat. Zugleich stiftete er eine Gemeinde, in der dieses erneuerte Gottesverhältnis lebendig wird, indem das Symbol des gemeinsamen Mahles begangen wird. Es geht nicht darum, sich nur an Jesu Kreuz zurückzuerinnern, sondern sich zu öffnen für die Gegenwart des erniedrigten und erhöhten Christus und damit das eschatologische Mahl vorwegzunehmen. Damit wird das „Herrenmahl" zur Vergegenwärtigung vergangener Heilstaten und zur Vorwegnahme der endgültigen Erlösung. Die feiernde Gemeinde befindet sich im Zwischenbereich, im „Fahrstuhl", der Vergangenheit und Zukunft miteinander verbindet. Die Verheißung aus Jer 31 wird aufgenommen, aber gedanklich mit dem Sinai-Bund verknüpft, da das Blut-Motiv bei Jer nicht vorkommt.

Auch die Geisttheologie des Paulus nimmt auf Jer 31 Bezug. Wenn die Christen offen sind für den Geist des lebendigen Gottes werden sie gleichsam zu „Christi Brief". Ihre Lebensführung lässt Gottes Bund mit den Menschen „lesen" und erfahren. Dieser Brief sei nämlich nicht mit Tinte geschrieben, sondern mit Gottes Geist „in Herzen von Fleisch" (2 Kor 3,3).

Der jüdische Theologe Jakob Petuchowski macht in seinem Aufsatz „Die religiöse Grundlage des Pluralismus" deutlich, dass Gott die Verschiedenheit der Menschen nicht nur erträgt, sondern sie zur Grundlage seiner jeweiligen Nähe bestimmt. Mit dem Hinweis darauf, dass jüdische Theologie neben dem Bund Gottes mit Israel immer schon den noachitischen Bund mit allen Menschen gekannt habe, begründet er, dass eine Pluralität der Bundesschlüsse der Vielfalt Gottes entspreche. *„Schließlich kann ich dem Allmächtigen nicht vorschreiben, welche Bundes-beziehungen ER eingehen darf. Wer bin ich schon, dass ich dem Christen die Erlösung absprechen könnte, die er in Christus zu finden glaubt? Und welcher Christ könnte die erlösende*

Kraft anzweifeln, die ich dem Gesetz zuschreibe?" Mit dem jüdischen Philosophen Franz Rosenzweig sieht Petuchowski die Aufgabe der Christen darin, dem Rest der Menschheit die enge Beziehung mit Gott zu ermöglichen, die Israel schon gefunden hat. Letzte Fragen der Wahrheit würden sowieso in der Endzeit erst beantwortet. Denn *„Gott ist weder Jude noch Christ, weder Moslem noch Buddhist."*

Hebr 8,13 stellt den neuen Bund einem „veralteten" gegenüber. Die Bewertung dieser Textstelle hat leider die christliche Theologie über lange Zeit bestimmt. Symbolischen Ausdruck fand diese Vorstellung in den allegorischen Darstellungen der Ecclesia und der Synagoge (z.B. in Straßburg oder Bamberg). Die majestätische Ecclesia (Kirche) steht aufrecht, trägt eine Krone, hält den Kreuzesstab in der Rechten, einen Kelch in der Linken. Ihr selbstbewusster Blick macht deutlich: Sie ist die Siegerin. Die Synagoge (Judentum) erscheint dagegen als Vergegenwärtigung des Niedergangs und des Jammers. Ihre Augen sind verbunden, sodass sie die Wahrheit Christi nicht erkennen kann. Ihre Lanze ist zerbrochen, die Steintafeln entgleiten ihren Händen, ihre Krone ist längst verloren. Die Körperhaltung ist

„geknickt". Die Verliererin kann vor der Siegerin nicht bestehen.

Ein anderes Bild vermittelt die Skulptur „Synagoga and Ecclesia in Our Time" von Joshua Koffman aus dem Jahr 2015. Judentum und Christentum sitzen gleichrangig nebeneinander und halten ihre jeweilige heilige Schrift (Torarolle und Bibel) auf dem Schoß. Beide tragen Kronen. Sie lesen jeweils (über Kreuz) in der Schrift der anderen Religion und lernen voneinander.

3 Gottes Erstgeborener: das Judentum

3.1 Das Geschenk der Freiheit

Anfangsimpuls der theologisch reflektierten Gottes-beziehung ist nicht die Erschaffung des Menschen, nicht Noachs Errettung aus den Fluten oder Abrahams Wanderung mit seinem Gott, sondern die Erfahrung einer kaum erhofften Befreiung von den Großmacht-ansprüchen Ägyptens.

Seit dem 13. Jahrhundert v. Chr. gab es im mesopotamischen wie im syrisch-palästinensischen Raum immer wieder Wanderungsschübe aramäischer Nomadenstämme aus den Wüsten- und Steppengebieten. Was in der Form einzelner Raubzüge begann, setzte sich als Weidewechsel Vieh züchtender Nomaden fort, die nach der Erntezeit die übrig gebliebenen Reste abernten durften. Schließlich drängten die Stämme immer stärker in das Kulturland herein und lernten, die ihnen noch unbekannte Landwirtschaft zu betreiben. Dieser Prozess vollzog sich über einen längeren Zeitraum und war auch nicht koordiniert. Dabei brachten die Aramäer die Machtverhältnisse im alten Orient durcheinander und bildeten Staaten, deren Namen wir aus dem AT kennen, z.b. die Ammoniter, Moabiter oder Edomiter.

In Zeiten großer Dürre konnte es vorkommen, dass Nomadenstämme aus der Steppe Zuflucht in den reichen Oasengebieten suchten und dort in ein Abhängigkeitsverhältnis gerieten. So wurden sie z.B. in Ägypten dazu gezwungen, am Bau königseigener Städte im Osten des Nildeltas mitzuarbeiten. Dieser Arbeitsdienst war keine Sklaverei im rechtlichen Sinne, vollzog sich aber als gewaltsam durchgesetzter Zwang unter demütigenden Verhältnissen. Der ägyptische Pharao hatte hier billige Arbeitskräfte, über die er frei bestimmen konnte, weil sie auf ihn angewiesen waren.

Eine wahrscheinlich eher kleine Gruppe solcher „Arbeitssklaven" schaffte es, sich von rechtlosen

Habenichtsen zu Besitzern eigenen Landes zu entwickeln. Dieses Geschehen sprach sie nicht ihrer eigenen Geschicklichkeit zu, sondern sah es als ein Geschenk des von ihr verehrten Gottes Jahwe. Nach ihrer Flucht vereinigte sie sich mit anderen aramäischen Stämmen, die nie in Ägypten waren, und anderen sozial Deklassierten der Gesellschaften des Ziellandes Kanaan. Ihnen gab sie ihre Erfahrung des Exodus-Gottes, der sie aus Ägypten herausgeführt hatte, weiter. Im Verlaufe von ca. zwei Jahrhunderten verschmolzen diese verschiedenen Gruppen zu dem „einen Volk" Israel, das durch die Erinnerung an Jahwes Rettungstat zusammengehalten wurde.

Die Befreiung aus der Knechtschaft und das Geschenk eigenen, fruchtbaren Landes gehören also zusammen und konstituieren den Exodus, den entscheidenden Impuls biblischer Gottesbeziehung. Gott Jahwe verguckt sich sozusagen in diese Menschen, weil sie schwach und hilfsbedürftig sind. Es sind nicht die starken Kinder, auf die man stolz sein kann, aber gerade das macht sie liebenswert. Die Bibel betont immer wieder die Unterlegenheit, oft sogar die Passivität Israels und den entscheidenden Einsatz seines Gottes. Allerdings sollte man eine Leistung nicht übersehen: Gottes Taten, auch seine offenbarenden Worte, sind auf menschliche Deutung angewiesen. Die Bereitschaft, in der Befreiung Gottes Handeln zu erkennen und auf diesen Impuls zu antworten, ihn auch kreativ weiterzuentwickeln, ist Israels Anteil an der Beziehung. So konnte der biblische Gottesglaube auch über Israel hinaus wirken.

Die „Selbstvorstellung" Jahwes in EX 3 liefert die „Quintessenz" der Gotteserfahrung. Gott beruft Mose als sein Sprachrohr und seine Hand, als Führer des Volkes, Prophet, später auch Gesetzgeber, der die Befreiungstat assistierend begleitet. Gott begegnet Mose in der Wüste, dem Ort des Übergangs und der Freiheit des Nomaden. Er zeigt sich als Feuer, das brennt, ohne zu verbrennen. Gottes Unnahbarkeit und seine Nähe werden hier gleichzeitig deutlich. Das Feuer zeigt seine gewaltige Kraft und seine Gefährlichkeit, aber für den, der bereit ist, seine Heiligkeit anzuerkennen, ist es „gezähmt", kann ertragen werden. Gott offenbart sich als Jahwe (JHWH), er stellt sich gleichsam vor. Der Name bedeutet wahrscheinlich „Er weht" und deutet auf einen Ursprung als Gewittergott im gebirgigen Teil des Sinai hin. In der Deutung von Ex 3 offenbart er aber sein Wesen als Gott, der in die Geschichte eingreift. „Ich bin da" verdeutlicht nicht die bloße Existenz dieses Gottes, es ist eine Pro-Existenz, ein Dasein für die Entrechteten und

Unterdrückten, besonders für dieses sein Volk. Gottes „Charakter" besteht darin, sich denjenigen zuzuwenden, die ihn benötigen, weil ihnen andere Hilfe fehlt. In gleicher Weise drückt die Selbstvorstellung Gottes Verlässlichkeit aus, aber auch seine Unverfügbarkeit. Auch die Kenntnis seines Namens macht ihn nicht zur Zielscheibe magischer Praktiken für ungerechte und egoistische Ziele. Jahwe ist für die Menschen da, wie er selber das will. Dass man sich auf ihn verlassen kann, äußert sich nicht zuletzt darin, dass er Moses Fragen und Zweifel geduldig beantwortet. Auch durch den Kleinmut der Menschen lässt er sich nicht von seinem Ziel abbringen.

Jahwe identifiziert sich auch mit dem „Gott der Väter", der Gottheit, die die Nomadenstämme verehrt hatten. Von ihr glaubten sie, dass sie mit ihnen wanderte, von Weidewechsel zu Weidewechsel. Wo der Stamm sich aufhielt, da war auch sein Gott. Ebenso wird auch Jahwe mit den Geretteten weiterwandern und sie nicht verlassen. Er macht deutlich: Nicht jeder Stamm hat seinen eigenen Gott, sondern es war schon immer derselbe.

Die genauen Ereignisse des historischen Exodus lassen sich nicht mehr rekonstruieren. Die Texte, die davon erzählen, sind jeweils Jahrhunderte später entstanden und füllen die Wissenslücken mit den geographischen Kenntnissen und Vorstellungen ihrer Autoren. Für die verschiedenen Routen und Lokalisierungen gibt es Argumente und Gegenargumente. Entscheidend ist, dass die wenig erfolgversprechende Flucht einer Gruppe von Arbeitspflichtigen gelungen ist, ohne dass die gut organisierte und ausgerüstete Großmacht Ägypten etwas dagegen ausrichten konnte. Das Buch Exodus stellt das Geschehen als „Götterkampf" dar, in dem der „Möchtegern-Gott" Pharao den Kürzeren zieht und untergeht. Überaus deutlich wird seine Intention dargestellt: Diese billigen Arbeitskräfte sollen gefälligst bleiben und arbeiten. Nicht der Pharao, sondern Jahwe denkt an die Menschen und möchte ihnen ihre Würde zurück-geben, durch Freiheit und eigenes Land.

Wie schwierig es aber für Abhängige ist, in die Freiheit entlassen zu werden, zeigt die Reaktion des Volkes auf Schwierigkeiten und Ängste (z.B. Ex 14,11f.). Wer einen Herrn über sich hat, braucht keine Verantwortung zu übernehmen. Und eine verlässliche Verpflegung zu haben – sei sie noch so primitiv – kann auch beruhigen. Der freie Mann muss sich alles selbst erarbeiten, was seine Freiheit aufrechterhält.

Die gottgeschenkte Freiheit zu bewahren, ist auch der Sinn des Dekalogs, der Gebote am Sinai. „Du sollst nicht morden" (Ex 20,13) bezieht sich zunächst zurück auf das jeweils geltende Recht: Ein anderer Mensch darf ausschließlich im Rahmen der gesetzlichen Ordnung (z.B. durch die Todesstrafe) umgebracht werden. Das Verbot lenkt den Blick aber auch auf Handlungsweisen, die nicht unbedingt immer gesetzlich sanktioniert werden können: Man kann einen Menschen auch „töten", indem man ihn ruiniert, indem man ihn verleumdet, indem man ihn aus der Gemeinschaft ausschließt. Es gibt noch mehr als den biologischen Tod. Einen ähnlichen Hintergrund hat das Verbot „Du sollst nicht begehren…" (Ex 20,17) Wer genügend Einfluss oder – heute – einen guten Anwalt hat, kann die Notlage seines Mitmenschen ausnutzen und sich dessen Besitz aneignen. Das Gesetzeswerk am Sinai versucht dagegen, soziale Gerechtigkeit zu wahren. Das von Gott gegebene Land darf auch für den Erfolglosen nicht auf Dauer verloren gehen. Denn sonst würde das eigene Volk zum „Pharao" gegen die Armen.

Am deutlichsten wird der Zusammenhang aber im Sabbatgebot (vor allem in der Fassung Dtn 5,12-15). Arbeit ist notwendig, um zu leben, und manchmal muss man auch aufgezwungene Arbeit verrichten. Sie kann aber kein Selbstzweck sein. Indem ein Mensch einen Tag lang nicht arbeitet, kann er sich aus vermeintlichen Sachzwängen erheben und sich dessen vergewissern, was wirklich wichtig ist. Er kann als freier Mensch leben, so unfrei er sich vielleicht sonst erfährt, und stellt damit auch die Unfreiheit wieder neu in Frage. Wichtig ist, dass dieses Gebot nicht nur für den Herrn, den Landbesitzer, gilt, sondern für den ganzen Hausstand, für alle, die für ihn arbeiten. Niemand ist so arm und machtlos, dass er nicht einen Tag in der Woche ruhen könnte als Herr oder Herrin über die eigene Zeit.

3.2 JHWH allein

„ Du sollst neben mir keine anderen Götter haben." (Ex 20,2) Diese Formulierung des „ersten Gebots" setzt die Existenz weiterer Götter voraus, denn was nicht existiert und was nicht verehrt wird, braucht man auch nicht zu verbieten. Der Satz fordert aber ein Exklusivrecht Jahwes. Mögen andere Völker auch andere Götter verehren, so hat sich Jahwe Israel zu seinem besonderen Volk erwählt. Begründet wird der Anspruch dieses Gottes mit der Befreiungstat aus Ägypten. Die unerwartete Befreiung und die damit verbundenen

Machterweise Gottes, die gemeinsamen Herausfor- derungen und Erfahrungen in der Wüste und das Geschenk des eigenen Landes haben Israel überhaupt erst zu einem Volk geschmiedet und haben Gott und Volk unzertrennlich miteinander verbunden, jedenfalls von Seiten Gottes. Auch Freiheit und Land bedeuten aber nicht das Happy End, dem nichts mehr folgt, sie können auch wieder verloren werden. Die sozialen Gebote des Dekalogs, aber auch seine ersten Bestimmungen sollen helfen, das Erworbene festzu- halten. Da nur dieser Gott ein Freund der Freiheit ist, kann auch nur die Verehrung dieses Gottes die Freiheit bewahren. Sich anderen Mächten auszuliefern, bedeutet, die Unfreiheit zu suchen, auch wenn das nicht bewusst geschieht.

Und dennoch irritiert uns heute die Rede von einem „eifersüchtigen Gott". Zu stark verbinden wir mit dem Begriff Eifersucht eine krankhafte Seite der „Liebe", die Besitzanspruch, ständiges Misstrauen und die Aushöhlung der Beziehung von innen bezeichnet. Zwar betonen heutige Bibelforscher eher den Eifer und nicht eine damit verbundene Sucht. Gott ist an seiner Beziehung zu Israel emotional beteiligt, mit allen Fasern seines Innern liebt er dieses Volk, das er sich ja selbst erschaffen hat, wie auch Eltern ihr Kind lieben. Aber dennoch sind manche Formulierungen der atl. Bücher grenzwertig; man könnte sie auch im Sinne ehelicher Eifersucht verstehen.

Warum musste man überhaupt diesem Volk die exklusive Verehrung (Monolatrie) Jahwes verordnen? Sollten diese Menschen nicht so glücklich sein, dass sie nichts anderes mehr suchen? Es ist der menschliche Hang, sich nach allen Seiten abzusichern. Jahwe hat den Auszug mit Gewalt erzwungen und die Menschen durch die Wüste geführt. Sollte man nun im Kulturland nicht zusätzlich die Götter anrufen, die den Menschen dort ihre Ernteerträge sichern? Der eigene Gott scheint ja kein Spezialist für Landwirtschaft zu sein. Außerdem lernte man die Traditionen der ursprünglichen Bevölkerung kennen, die große Bildkraft besaßen. Man passte sich in vielem an. Spätere Theologen, die schon die Katastrophen in der Geschichte Israels übersahen, betonten daher die Absonderung des Gottesvolkes von den jeweiligen Nachbarn (Ex 34, 12ff.). Als kleines Volk, weitgehend ohne nennenswerte Macht, war Israel immer in der Gefahr, in den anderen Völkern aufzugehen und seine Eigenheit zu verlieren, d.h. im großen Bauch der Geschichte verloren zu gehen. Nur ein konsequentes Festhalten an eigenen Traditionen, vor allem des

Sabbats und des Studiums der Tora, konnte die Identität und damit auch die Gottesbeziehung erhalten.

Die Gefährdung des Volkes wurde in der Geschichte vom „goldenen Kalb" veranschaulicht. Während Mose am Sinai bei Gott weilte, machte sich im Lager der Israeliten die Angst breit, er könnte nicht mehr wiederkommen. Das Gießen eines Kultbildes sollte diese Angst überdecken, endlich hatte man etwas Konkretes vor Augen. Äußerlich war damit kein Abfall gemeint, denn in diesem Kalb wurde der Gott verehrt, der Israel aus Ägypten herausgeführt hat. Aber schon die Bezeichnung „Herr" macht den Hang zur Vermischung deutlich: Herr bedeutet im Kanaanäischen „Baal", und dieser Fruchtbarkeitsgott hat einen jungen Stier als Verkörperung. Man übernahm also Traditionen des fremden Gottes, um den eigenen zu verehren. Dabei forderte Ex 20,4, Gottes Einzigkeit und Größe nicht durch Bild gewordene Vorstellungen einzuengen. Gott ist immer noch mehr, als Menschen sich vorstellen können, noch stärker als die Mitmenschen kann man ihn nie ergründen. Ein Kultbild würde aber die menschliche Fantasie zu stark festlegen.

Das goldene Kalb in der Wüste verweist auch auf Kultbilder (ebenfalls junge Stiere), die in den Jahwe-Heiligtümern des Nordreiches Israel in Bet-El und Dan verehrt wurden. Israel war schon 722 untergegangen, während Juda mit dem Tempel in Jerusalem noch weiter bestand. Die Heiligtümer des Nordreiches sollten auch die Unabhängigkeit vom Südreich gewährleisten. Die Menschen waren nicht darauf angewiesen, an den Feiertagen nach Jerusalem zu pilgern. Allerdings hatte es immer unterschiedliche Heiligtumstraditionen gegeben. Die Zentrierung des Opferkults auf den Tempel von Jerusalem wurde auch in Juda erst 622 durch König Joschija durchgesetzt. Auch hier waren politische Erwägungen mit bestimmend, doch ebenso der Wunsch, die „richtige" Jahweverehrung besser kontrollieren zu können. Die späteren Theologen begründeten daher den Untergang des Nordreiches mit der Verfehlung der falschen Jahweverehrung.

Die Bücher der Könige im AT bewerten entsprechend die Könige nach ihrer Bereitschaft, in ihrem Lande Jahwe allein verehren zu lassen. Was sich häufig als diplomatische Maßnahme, den aus den Nachbarstaaten angeheirateten Prinzessinnen Tempel der ihnen vertrauten Gottheiten zu erbauen, entwickelte, wurde damit zur Ursache der staatlichen Katastrophen von 722 bzw. 587 erklärt. Theologen und Propheten forderten Entscheidung, nicht Toleranz.

Elija, ein Prophet des Nordreichs aus dem 9. Jahrhundert, gilt als der bekannteste Vertreter einer „Jahwe-allein-Bewegung". Außerhalb der weitgehend legendarischen Geschichten des AT wissen wir über ihn fast nichts. Auf dem Berg Karmel, also im Gebiet der Baalspriester, soll er ein Gottesgericht initiiert haben (1 Kön 18,20-40). Vorangegangen war eine lange Zeit der Trockenheit, nach biblischer Deutung als Strafe für die Kultpluralität, die König Ahas ermöglicht hatte. Elija will nun verdeutlichen, dass Baal keinen Regen hervorbringen kann. Zunächst lässt er die Baalspropheten sich abmühen und kommentiert ihre Anstrengungen ironisch. In Anspielung auf den Mythos, dass Baal getötet wurde und wieder zum Leben erweckt werden musste, fordert er die Propheten auf, lauter zu rufen, weil ihr Gott vielleicht schlafe und sie nicht höre. Was aber Hunderte an Propheten des fremden Gottes nicht vermochten, ermöglichte Elija allein mit seinem Gebet zu Jahwe: Feuer verzehrte die Opfergabe auf dem Altar, obwohl dieser von Wasser umspült war, und der Regen kam und befruchtete das Land. Elija aber tötete die feindlichen Propheten. Die biblischen Schriftsteller betonen, dass es sich um die Revanche für die Abschlachtung aller Jahwe-Propheten bis auf Elija selber handelte. Außerdem entsprach es dem damaligen Religionsgesetz. Dennoch bleibt für den heutigen Leser ein schales Gefühl: einer Gewaltorgie im Dienste Gottes.

Vielleicht ist es Gott selber, der Elija korrigiert. Er offenbart sich ihm nicht in den mächtigen Naturkräften von Sturm, Erdbeben und Feuer. Vielmehr zeigt er, dass seine Stimme im kaum fühlbaren Säuseln eines leichten Windes gehört werden kann (1 Kön 19,11-13). Schon zuvor wurde die Zwiespältigkeit Elijas deutlich, der mit seiner Erfolglosigkeit haderte, beim Volk Gottes Exklusivitätsanspruch durchzusetzen, und seiner Depression und Todessehnsucht nachgeben will. Gott hält ihn aufrecht, aber Elija bleibt ein Mensch, der zwischen der Kraft seiner Botschaft und seinem eigenen Kleinmut hin und her geworfen wird.

Der Prophet Hosea (8. Jahrhundert im Nordreich) stellte am deutlichsten die enge Beziehung von Jahwe und Israel als „Verwandtschaftsbeziehung" dar und kritisierte die Untreue Israels. In Hos 2 ist Israel die Ehefrau, die sich ihrem Gemahl entfremdet und zu Liebhabern geht. Sie befindet sich im Irrtum, dass diese ihren Lebensunterhalt sichern und sie vor Gefahren schützen. Es sind sozusagen die neuen, „moderneren" Götter, denen sie vertraut, weil die Gaben ihres „Gatten", des Befreiungsgottes Jahwe, längst verdrängt sind. In Hos

11 ist Israel das Kind, das von Gott umsorgt und aufgezogen wurde, das sich aber von dem eigenen Ursprung abgewandt und den Götzen zugewandt hat. In beiden Kapiteln wird deutlich: Gott fühlt sich tief getroffen und verletzt, er wird Israel bestrafen, ihm das Land, das er geschenkt hat, wieder nehmen, wird aber nicht ewig zürnen. Das Volk, das er geliebt hat, liebt er immer noch, und wird sich ihm wieder zuwenden, auch wenn er um seine Wankelmütigkeit und Unzuverlässigkeit weiß. Eine neue Zeit in der „Wüste" soll die Ursprungserfahrung der gegenseitigen Nähe wieder ermöglichen. Der verschmäht Liebende erwartet die Rückkehr des Geliebten.

„Höre, Israel, JHWH, unser Gott, JHWH ist einzig. Darum sollst du JHWH, deinen Gott, lieben mit ganzem Herzen, mit ganzer Seele und ganzer Kraft." (Dtn 6,4f.) Diese Kurzformel des Glaubens drückt aus, dass der gläubige Jude sich in das Liebesverhältnis Gottes zu seinem Volk hineinstellt. Auch dieser Satz ist ursprünglich noch nicht monotheistisch gemeint, sondern drückt die Überzeugung aus, dass Israel nur einen Gott, seinen Gott, verehrt. Für den Liebenden ist der Partner einzigartig, mehrerer Partner bedarf er nicht. Der Glaubende wird nicht „fremdgehen", er bindet sich voll Dankbarkeit und Vertrauen an seinen Gott. Jeder gläubige Jude spricht diesen Text täglich zwei Mal täglich, als sein grundlegendes Bekenntnis im Abend- und Morgengebet. Die folgenden Verse fordern dazu auf, „diese Worte" zu lernen und zu lehren, sie rezitierend immer bei sich zu haben, sie sozusagen wiederzukäuen, damit sie Kraft und Nahrung spenden können. Und sie sollen zeichenhaft immer beim Gläubigen sein: in Form der Tefillin (Gebetsriemen), deren Kapseln das Bekenntnis zu Gott auf die Stirn und auf den linken Oberarm drücken, und als Mesusa, einem Röllchen an den Türpfosten der Häuser, das beim Durchschreiten gegrüßt wird. Neben das Hören tritt so das Fühlen: Gott ist dem, der ihm vertraut, immer gegenwärtig, beim Gebet und im Alltag.

3.3 Das Ende als Anfang

732 und 722 wurde das Nordreich Israel von den Assyrern erobert und die Bevölkerung „ausgewechselt". Große Teile der Oberschicht wurden in anderen Gegenden angesiedelt, andere Völkerschaften ins Land gebracht. Die Bevölkerungen vermischten sich. Auch wenn es immer noch Jahwe-Verehrer gab, hörte Israel auf zu bestehen.

Das Südreich Juda, gebirgig gelegen und abseits der Durchgangsstraßen, hielt noch durch, konnte sogar eine Belagerung überstehen. Aber eine unkluge Außenpolitik, ausgelöst durch den Machtverlust der Assyrer, führte zum Untergang Judas, ebenfalls in zwei Phasen: 598/7 und 587/6. Abermals wurde die Oberschicht des Landes umgesiedelt. Der Tempel, das religiöse „Herz" des Landes, wurde zerstört. Die neue Hegemonialmacht, die Babylonier, verhielt sich aber großzügiger: Die Deportierten erhielten Siedlungsgebiete, in denen sie eigene jüdische Gemeinwesen gründen konnten. Sie konnten frei ihre Gewerbe ausüben und für den eigenen Gewinn arbeiten. In Gegenden, die durch die Auseinandersetzung zwischen Babyloniern und Assyrern entvölkert waren, sollten sie so neues Leben ermöglichen. Es war eine Existenz im fremden Land, aber keine Sklaverei und auch nicht vergleichbar mit der Zwangsarbeit Jahrhunderte früher in Ägypten.

Und dennoch wurde dieser Vergleich immer wieder herangezogen. Denn Juda hatte alles verloren, was seine Identität ausmachte: das Land, das Gott geschenkt hatte, das Königshaus, das das Volk zusammenhielt, und den Tempel, den „Wohnsitz" Jahwes auf Erden. Die Katastrophe wurde zugleich als Ende der Geschichte erfahren. Von dem, was man gewonnen hatte, war nichts geblieben. Zumindest hatte Gott seine Hand entzogen, vielleicht war er aber auch der neuen Machtkonstellation nicht mehr gewachsen. Die Kriege zwischen den Völkern wurden damals weitgehend als Kämpfe der jeweiligen Schutzgötter gegeneinander interpretiert. Und Jahwe hatte sich als zu schwach erwiesen, er hatte den Kürzeren gezogen. War es da nicht besser, zur Verehrung der „Siegergötter" überzugehen?

Die Jahrzehnte des Exils schufen aber nicht nur Hoffnungslosigkeit. Wahrscheinlich gab es in keiner Epoche der biblischen Geschichte so viele Theologen, die auf hohem theoretischen und sprachlichen Niveau das Geschehene aufarbeiteten und weiterdachten. Die Fortsetzung eigener Geschichte vollzog sich zuerst in den Köpfen der Menschen. Entscheidend war zunächst, die Ursachen der Katastrophe aufzuarbeiten. Und diese Ursachen fielen auf die Menschen Judas und ihre Vorfahren zurück. Die Bücher der Könige schildern die Geschichte im Rückblick als Verfallsgeschichte, die auf den zweifachen Untergang beider Staaten hinauslief. Die Könige und viele ihrer Untertanen hatten vergessen, wem sie alles verdankten, und setzten ihre Hoffnungen auf fremde Götter bzw. betrieben mehrere Kulte nebeneinander. Neben dieser Missachtung der eigenen

Gottheit standen soziale Ursachen, die Ausbeutung Entrechteter um des eigenen Profits willen, und der Umgang mit den Propheten, deren Warnungen nicht gehört und die sogar verfolgt wurden.

Die Geschichte der Könige wird als Tun-Ergehens-Zusammenhang dargestellt. Götzendienst wird von Gott bestraft, „fromme" Könige werden belohnt. Das Ergebnis dieser Schematisierung entsprach nicht immer dem tatsächlichen politischen Erfolg oder Misserfolg des Regenten, lenkte aber den Blick des Lesers auf den „Sinn" der Geschichte: Nicht Gott ist seinen Zusagen untreu geworden, sondern die Menschen haben die Bundesbestimmungen so häufig übertreten, dass Gott sie bestrafen musste. Das Ende des Staates Juda ist die Konsequenz dieser Entwicklung, nachdem Jahwe viele Male durch die Propheten gewarnt hatte. Die Stärke und Aggression der fremden Mächte ist nur das Ergebnis von Gottes gerechtem Gericht. Er selber beauftragte Nebukadnezar, den König von Babylon, dieses Gericht zu vollziehen. Das heißt, dieser scheinbar so mächtige König ist nur eine Marionette in den Händen des Gottes Israels. Jahwe ist anderen Göttern nicht unterlegen, er erweist sich als Herr der Geschichte.

Doch auch, wenn Gott Israels Untreue bestraft, sind seine Zusagen nicht ungültig. Letztlich werden sich

Jahwes Barmherzigkeit und seine Bundestreue durchsetzen, die Strafe wird nicht ewig dauern. 2 Kön deutet eine solche positive Wendung am Ende nur an, vorrangig bleibt die Darstellung des absoluten Endes. Weiter gehen da die Propheten. Denn auf die Predigt von Gottes Gericht folgen Heilzusagen für die zukünftige Entwicklung.

Ezechiel, einer priesterlichen Familie entstammend, war mit der ersten Deportationswelle 597 nach Mesopotamien gelangt. Fünf Jahre später, im Alter von 30 Jahren, berichtete er von ersten Visionen. Mit 50 Jahren beendete er seine prophetische Tätigkeit. Priester war man im alten Israel von seiner Herkunft her. Man hatte dann vom dreißigsten bis zum fünfzigsten Lebensjahr die Aufgabe, in einem zeitlichen Abschnitt des Jahres seinen Dienst im Tempel zu vollziehen. Fernab des Tempels, der nach der zweiten Einnahme Jerusalems zerstört wurde, diente der „Priester" Ezechiel als Gottes Prophet. Er war hoch gebildet, kannte die Überlieferung genau und formulierte sprachlich auf hohem Niveau. Es kann vermutet werden, dass seine Visionen nie Inhalt einer mündlichen Predigt gewesen, sondern von Anfang an schriftlich formuliert worden sind.

In einigen seiner Visionen wird Ezechiel nach Jerusalem zurückversetzt. Er beobachtet das Verhalten einer neuen „Elite", die sich die veränderte Situation zunutze machen will, sich aber nicht gerechter verhält als früher die jetzt Exilierten. In mehreren Bildsprüchen Ez 10-11 sieht der Prophet den schrittweisen Auszug der Herrlichkeit Jahwes aus dem Tempel. Es ist geradezu so, als wäre Gott jederzeit noch bereit, es sich anders zu überlegen, doch der Gottlosigkeit der Bevölkerung entspricht schließlich das von Gott verlassene Heiligtum. Doch ein Ort kann von Gott verlassen sein, die Menschen sind es nicht. Ihnen ist er in anderer Form nahe. „Doch bin ich ihnen ein wenig zu einem Heiligtum geworden in den Ländern, wohin sie gekommen sind." (Ez 11,16) Die Unheilsbotschaft für Jerusalem und seinen Tempel bedeutet zugleich eine Heilsbotschaft für die Exilierten. Gott hat sie nicht verlassen, im Gegenteil, er ist mit ihnen gezogen. Das Exil wird tatsächlich die wichtige Voraussetzung für eine fruchtbare Theologie, die die weitere Entwicklung des Judentums bestimmen wird. Und in dem fremden Land wird Gott sein Volk erneuern: „Ich entferne das Herz von Stein aus ihrem Fleisch und gebe ihnen ein Herz aus Fleisch." (Ez 11,19) Die prophezeite Wiedergeburt wird in Ez 37,1-14 in der Vision der Auferweckung der Totengebeine dargestellt.

In dieser „schaurig" schönen Erzählung weissagt der Prophet im Auftrag Gottes über ein großes Gräberfeld. Die Knochen fügen sich wieder zusammen, die Skelette werden von Sehnen, dann von Fleisch und Haut überzogen. Schließlich ist es Gottes Geist, der sie – wie schon in Gen 2,7 – lebendig macht. In dieser Textstelle geht es nicht um die individuelle Auferstehung der Toten, die in der damaligen Theologie noch keine Rolle gespielt hat, sondern um die Wiedergeburt des Gottesvolkes. So ausgetrocknet und verschrumpelt es sich auch zeigt, so lebendig wird es durch das Eingreifen des Gottesgeistes werden.

Eine weitere theologische Schule des Exils nennt die Bibelforschung „Deuterojesaja" (den zweiten Jesaja). Es handelt sich wahrscheinlich um ein Autorenkollektiv, ebenfalls belesen und sprachgewandt, das gegen Ende der Exilzeit seine Botschaft formulierte. Unter seinem Großkönig Kyros war das Perserreich immer mächtiger geworden und hatte 539 Babylon eingenommen, was als wichtige Voraussetzung für die Rückkehr der Exilanten in ihr Land wahrgenommen wurde. Für „den" Propheten bestätigt diese Entwicklung Jahwes Geschichtsmächtigkeit. Wie Gott sich Nebukadnezars bediente, um Juda zu bestrafen, so wird Kyros Gottes Instrument zur Heimholung des Volkes werden.

In fiktiven Gerichtsverhandlungen prozessiert Jahwe gegen die fremden Götter und die Völker. Nur er (bzw. sein Prophet) könne die Zukunft voraussehen, weil er nämlich Herr über die geschichtlichen Entwicklungen sei. Was er selber schaffe, darüber wisse er eben auch Bescheid. Die anderen Götter könnten dazu nichts beitragen, sie schwiegen auch in der Gerichtsverhandlung (vgl. Jes 41,21ff.). Götter, die nicht wirken können, sind aber ein „Nichts". Sie existieren nicht. Es kann nur einen Gott geben, und dieser Gott ist Jahwe.

Das bedeutet aber auch, dass im Exil ein größerer Horizont eröffnet wurde. Israel/Juda mag Gottes bevorzugtes Volk sein, doch dieser beschränkt sein Wirken nicht auf dieses Volk. Als Herr der Welt ist er Gott aller Menschen. Letztlich wird er alle in seinen Dienst und seine Verehrung rufen, Israel aber ist sein auserwählter Zeuge (Jes 44,8).

Auch der Schöpfungstext der sogenannten Priesterschrift (Gen 1,1-2,4a) unterstreicht die im Exil gewachsene monotheistische Auffassung. Weil Gott die Welt geschaffen hat, deshalb kennt er sie in allen ihren Einzelheiten und ist Herr ihrer Entwicklung. Der Schöpfer muss zugleich der einzige Gott sein, alle anderen, sogenanntem Götter können das nicht für sich beanspruchen. Und er war und ist von Anfang an, während die Mythologien der Völker immer auch von der Entstehung ihrer Götter sprechen.

Über den religiösen Kult der Juden im Exil wissen wir nichts Sicheres. Man kann aber davon ausgehen, dass Strukturen ihren Anfang nahmen, die später jüdisches Leben zentral bestimmten. Die Beschneidung, traditionell immer schon vollzogen, wurde nun zum zentralen Unterscheidungsmerkmal gegenüber den Anderen, den unbeschnittenen Babyloniern. Sie wurde zum Bundeszeichen, zur Antwort Israels auf den Ruf seines Gottes (vgl. 2.2).

Der „Sabbat" entwickelte sich in Auseinandersetzung mit dem babylonischen Kalender von einem monatlichen Mondfest zum wöchentlichen Feiertag. Zugleich wurde aus der Sitte, den Ackerboden jedes siebte Jahr ruhen zu lassen, um seine Fruchtbarkeit zu erhalten, die soziale Forderung, allen Menschen jeden siebten Tag Ruhe zu verschaffen, sie zu „Königen" zu machen, die an diesem Tag frei von Arbeit und Sorge sein können. Zunehmend wurde diese soziale Forderung auch mit der Schöpfungsordnung in Verbindung gebracht. Die Menschen dürfen ruhen, weil auch Gott selbst am siebten Tag geruht hat. Daher ist dieser Tag in besonderer Weise Gott geweiht. Es ist kein Zufall, dass das Sabbatgebot im Zentrum beider Fassungen des Dekalogs steht. Die Heiligung des einzigen Gottes und die notwendigen Regeln menschlichen Zusammenlebens werden durch diesen Tag miteinander verbunden.

Der Tempel in Jerusalem war zerstört, Opfer für Israels Gott nicht mehr möglich. Die Opferidee wurde nun spiritualisiert, das Gebet trat an die Stelle eines materiellen Opfers (vgl. Ps 141,2). Die vermittelnden Aufgaben der Priester gingen weitgehend auf den einzelnen Gläubigen über, der Kult wurde „demokratischer" und damit leichter, zugleich wurde die Religion anspruchsvoller, weil es nun stärker auf die Bereitschaft jedes Einzelnen ankam, sich mit Gottes Weisung auseinander zu setzen und die Regeln in den Alltag zu integrieren. An die Stelle des Tempels trat die Synagoge als Lehr- und Bethaus. Auch als es in Jerusalem wieder einen Tempel gab (515 v. Chr. - 70 n. Chr.), bestand die Institution der Synagoge weiter und war eine wichtige Voraussetzung, das Judentum bis in die Gegenwart lebendig zu halten.

Mit dem Exil endet die Religion Israels, und es entwickelt sich langsam das Judentum. Bis zur Zerstörung des zweiten Tempels und der Durchsetzung der rabbinischen Theologie sprechen wir daher von der frühjüdischen Epoche.

3.4 Ins rechte Verhältnis zu Gott

Das „Fest der Gesetzesfreude" (Simchat Tora) wird ausgelassen begangen. Die Torarollen werden aus dem Schrank geholt und mit Gesang und Tanz herumgetragen. So feiern die Juden, dass der jährliche Lesezyklus in der Synagoge mit Dtn 34 an sein Ende gekommen ist und mit Gen 1 wieder beginnt. Die Lesung der Tora hat nie ein Ende.

Freude am Gesetz? Die meisten heutigen Menschen werden Gesetze für das Zusammenleben der Gesellschaft als notwendig erachten. So nehmen sie sie als Schutz wahr, immer aber zugleich als Einschränkung der eigenen Möglichkeiten. Gesetze werden in Kauf genommen, aber nicht gemocht. Zu ausgelassener Freude bieten sie kaum Anlass. Und die oft zitierten 365 Ver- und 248 Gebote jüdischer Lehre schrecken ab. Es könnte sich allerdings lohnen, diese Zahl von 613 mit der Anzahl der Bestimmungen im Kirchlichen Gesetzbuch (CIC) zu vergleichen. Die Katholische Kirche, die in der Tradition römischen Rechts steht, ist eine verrechtlichte Religionsgemeinschaft, das Judentum nicht.

„Tora" ist nicht eigentlich Gesetz, sie ist Weisung, eine Orientierung, die hilft, innerhalb der vielen Ansprüche und Eindrücke des Alltags den richtigen Weg zu finden und zielstrebig zu verfolgen. Israel ist von Gott aufgerufen, heilig zu sein und ihn damit nachzuahmen (Lev 19,2). Heiligkeit bedeutet dabei nicht eine besondere Leistung, z.B. des Verzichts oder der Frömmigkeit. Heiligkeit vollzieht sich vielmehr in der Art, wie ein Jude am alltäglichen Leben in seiner Gemeinschaft teilnimmt. Das Leben mit all seinen Erfahrungen, seinen Hochs und Tiefs, so zu leben, dass er sich der Begleitung Gottes immer bewusst wird, wird durch die Bestimmungen der Tora handhabbar gemacht. Sich an die Tora zu halten, ist also „ganz einfach", wenn jemand bereit ist, sein Leben darauf einzustellen (vgl. Dtn 30,11-14). Es bedarf keiner religiösen Leistungssportler. Vielmehr werden „Leuchtpunkte" des Alltags gesetzt. Vor allem die Segenssprüche (Berachot) begleiten viele Handlungen des Lebens, aber auch Augenblicke besonderer Freude oder die Erfüllung eines Gebotes. Diese kleinen Gebete, die mit der Formel „Gepriesen bist du, Ewiger, unser Gott, König der Welt..." beginnen, deuten das Geschehen, das sie begleiten. So wird jedes Tun des Menschen transparent auf Gott hin, der ihm gegeben hat, was er benötigt und was ihm Freude bereitet. Aber auch Tefillin und Mesusa (vgl. 3.2) sollen jederzeit an die Anwesenheit und Heiligkeit Gottes erinnern.

Nicht jede einzelne Bestimmung in der Tora lässt sich ohne Weiteres erklären, manchmal fällt es sogar schwer, den Zusammenhang zwischen dem Gebot und der Bibelstelle zu verstehen, auf die es sich bezieht (z.B. beim Verbot, Fleisch und Milch zu mischen). Aber es kommt auf das „Gesamtpaket" an. Wie kleine Mosaiksteine, die für sich nichts darstellen, in den Zusammenhang eingefügt aber ein wunderschönes Bild ergeben, so wird das Bestreben eines Juden, „heilig" zu leben, durch die Gesamtheit der „Steinchen" bestimmt. Aus diesem Gefüge etwas zu entfernen, hieße, das Bild zu verwischen oder ganz zu zerstören. Letztlich werden die Gebote erfüllt, weil sie als Gottes Weisung angesehen werden. Der gläubige Jude hält so seine Beziehung zu Gott aufrecht und lebendig. Das Halten der göttlichen Weisung rückt ihn in das rechte Verhältnis zu Gott.

Die größte Gefahr des Judentums waren über die Jahrhunderte hinweg nicht die Verfolgungen, sondern die Versuchung, sich der Umwelt anzupassen, sich zu assimilieren. Das Judentum hält nicht nur die Gebote, es wird von ihnen auch gehalten (in besonderem Maße von der Heiligung des Sabbats und der Rhythmisierung der Zeit).

Dass die Tora Angelegenheit jedes einzelnen Juden ist, wird besonders augenfällig am Sabbat-Morgengottesdienst in der Synagoge. In der Regel ist der Toraausschnitt, der gelesen wird, in sieben Abschnitte eingeteilt. Zu jedem dieser Abschnitte wird ein Beter aufgerufen, der (eigentlich) den Abschnitt vorlesen soll. Da die Sangesweise und Betonung des Toratextes sehr schwierig ist und außerdem die Torarolle keine Vokale enthält, wird der Text aber durch einen Fachmann vorgetragen. Die aufgerufenen Männer sprechen lediglich die begleitenden Segenssprüche vor und nach den Abschnitten.

Eine Ausnahme bildet der „Bar Mizwa", ein dreizehnjähriger Junge, der von diesem Tag an religiös für sich selber verantwortlich ist. Er bereitet sich über Monate auf diesen großen Tag vor und lernt seinen Toraausschnitt auswendig. Ihm gebührt dann der letzte Abschnitt des Tages. Ebenso liest er die folgende Textstelle aus den „Propheten" (Haftara) vor und hält eine kleine Ansprache.

Vor und nach der Toralesung bildet sich eine kleine Prozession, in der die Schriftrolle durch die Synagoge getragen wird. Hierbei wird u.a. das Sch'ma Jisrael, die Proklamation der Einzigkeit Gottes, gesungen. Der Umgang mit der Torarolle verdeutlicht die Nähe und die

Heiligkeit der Schrift in gleicher Weise. Einerseits „wandert" die Rolle durch die Gemeinde, sie wird durch den Gesang begrüßt und mit den Quasten der Tefillin berührt, die dann küssend zum Mund geführt werden. Andererseits wird die eigentliche Pergamentrolle durch einen Mantel und ein Schild geschützt, auch der Vorleser darf sie nur mit einem fingerartigen Zeigestock, nicht aber mit seinem Finger, berühren. Waren in antiken Tempeln die Götterfiguren Ort der Anwesenheit der Gottheit, so ist es im Judentum das Wort der Tora. Im Wort ist Gott selber anwesend, dem Wort schuldet man dieselbe Verehrung. Wie Gott für den gläubigen Juden der einzige König ist, so ist auch die Torarolle gekrönt.

„Wie lieb ist mir deine Weisung; ich sinne über sie nach den ganzen Tag." (Ps 119,97) Ps 119, der längste der 150 Psalmen, ist ein einziger Lobpreis der Tora, die dem Beter Erholung und Kraft in einer häufig feindlich gesonnenen Umwelt vermittelt. Der Psalm ist als Alphabet-Akrostichie kunstvoll gebaut, d.h. die Strophen sind nach der Reihenfolge der Buchstaben im hebräischen Alphabet strukturiert. Jeder Doppelvers der Strophe beginnt jeweils mit dem speziellen Buchstaben. Wie alle Aspekte der Wirklichkeit sich (z.B. in einem Lexikon) im Alphabet wiederfinden lassen, so symbolisiert dieser Psalm Totalität und Fülle. Nichts wird von Gottes Wort ausgelassen, alle Sphären des Lebens werden durch dieses Wort berührt und geregelt.

3.5 Mündliche Tora

Auch nach der Zeit des Exils blieben zahlreiche Juden in der Fremde. In Mesopotamien entwickelte sich jüdische Gelehrsamkeit weiter. Auch in Ägypten gab es jüdische Kolonien. Diejenigen, die in ihre palästinische Heimat zurückkehrten, lebten weitgehend in Abhängigkeit von der herrschenden Hegemonialmacht. Zeiten relativer Selbständigkeit waren nur kurz. Nach den Persern und den Griechen in der Nachfolge Alexanders des Großen übernahmen die Römer 63 v. Chr. endgültig die Initiative. In dieser Zeit bildete sich eine Anzahl jüdischer Sekten und Gruppierungen. Die elitären und konservativen Sadduzäer hatten Verfügungsgewalt über Tempel und Kult. Sie waren bereit, mit den Römern zusammen- zuarbeiten, um ihren Einfluss zu erhalten. Stärker volksnah waren die Pharisäer, eine Bildungsge- meinschaft mit dem Anliegen, jedem Juden die Kenntnis und Bewahrung der Gebote zu ermöglichen. Sie bemühten sich immer von Neuem, die überlieferten

Bestimmungen der Tora wechselnden Alltagsbedürfnissen anzupassen. Im Gegensatz zu den Sadduzäern glaubten sie auch an ein Weiterleben nach dem Tode. Die Religion Israels war ursprünglich eine rein diesseitige Lehre. Es kam darauf an, sein Leben gut und gerecht zu vollziehen, denn mit dem Tode war alles aus. (Am deutlichsten formuliert Kohelet dieses Phänomen.) Als beim Makkabäeraufstand (ab 168 v. Chr.) gegen den griechischen König Antiochos IV. jüdische Kämpfer niedergemacht wurden, weil sie sich weigerten, am Sabbat zu kämpfen, wurde einerseits beschlossen, dass es auch am Sabbat erlaubt sei, Leben zu bewahren. Andererseits wurde deutlich, dass das Geschick der Märtyrer ungerecht wäre, wenn sie nach ihrem Tode nicht für ihr Leiden belohnt würden. Da Gott nicht ungerecht sei, müsse es eine Auferstehung von den Toten geben.

Neben den beiden großen Gruppen gab es eine Menge kleiner Gemeinschaften, die sich in unterschiedlicher Weise auf ein nahe bevorstehendes Ende der Geschichte und die endgültige Herrschaft Gottes vorbereiteten. Die Zeloten versuchten durch Gewaltaktionen diese Entwicklung zu beschleunigen. Die Essener bemühten sich um besondere kultische Reinheit, um so zu einer Elite der künftigen Welt werden zu können. In Qumran gab es eine Klostergemeinschaft, die sich zu einem gottgefälligen Leben in die Wüste zurückgezogen hatte.

Die Erwartung der nahen Gottesherrschaft und die Verkündigung von Gottes zuvorkommender Gnade bestimmte die kleine Gruppe der Jesusjünger. Auch Johannes der Täufer mit seiner Bußpredigt hatte nach seinem Tode noch eine Jüngergemeinschaft.

Aufstände gegen die Römer im Jüdischen Krieg (70-73 n. Chr.) und beim Bar-Kochba-Aufstand (135) wurden blutig niedergeschlagen. 70 n. Chr. wurde der Tempel in Jerusalem endgültig zerstört. Kurzzeitig war es Juden sogar verboten, Jerusalem zu betreten (135-138). Militante jüdische Gruppen wurden so zerschlagen, aber auch Priester am Tempel hatten keine Funktion mehr. Das Christentum verbreitete sich über die jüdische Welt hinaus und erleichterte für Fremde wesentliche Bestimmungen des Gesetzes. Daher wurden die Christen im Laufe dieser Jahrzehnte immer mehr aus den Synagogen herausgedrängt. Die einzige Gruppe, die eine zukunftsweisende Antwort auf die Situation jüdischen Lebens hatte, waren die Pharisäer. Sie verinnerlichten die Bemühungen der Juden um Erlösung. Der Messias werde erst kommen, wenn Israel wirklich alle Gebote halte. So entwickelte sich aus der frühjüdischen Pluralität das rabbinische Judentum (Rabbi = mein Lehrer).

Die schriftliche Tora in den Büchern Genesis, Exodus, Levitikus, Numeri und Deuteronomium bildet das Fundament jüdischen Lebens. Will ein Jude aber seinen Alltag heiligen, müssen die Gebote konkretisiert und immer wieder den Zeiten angepasst werden. Unterschiedliche Lehrmeinungen der jeweiligen Rabbiner waren dabei Gegenstand fachlicher Diskussionen, die über Raum und Zeit hinweg geführt wurden. Die „mündliche Tora" war (und ist) kein fest formuliertes Gesetz, das Ergebnis eines standartisierten Abstimmungsverfahrens war. Sie vollzog sich vielmehr dialogisch in Rede und Gegenrede. So behielt sie auch immer eine lebendige Offenheit. Entschieden wurde teils nach der Mehrheit der Lehrmeinungen, teils aber auch nach der Bedeutung der jeweiligen Gelehrten und natürlich nach der Überzeugungskraft ihrer Argumente.

Für die Rabbiner hatte die mündliche Tora dieselbe Würde wie die schriftliche. Sie wurde, auch wenn das historisch gar nicht möglich war, auf Lehren des Mose zurückgeführt, die aber nicht schriftlich fixiert worden seien. Dabei nahmen die Gelehrten für sich in Anspruch, formulieren zu können, was in Moses Sinne gewesen wäre, auch wenn ihm das damals gar nicht bewusst gewesen sei. Es gibt sogar Texte, die darstellen, wie Gott von den Rabbinern überstimmt worden sei. Und Gott habe diese Entscheidung als seine eigene geachtet.

Um das Jahr 200 wurden die Lehrmeinungen der Rabbiner in 63 Traktaten gesammelt, der sogenannten Mischna (Wiederholung, Lehre). Weitere gelehrte Diskussionen bemühten sich, die Mischna zu kommentieren. So entstand der Talmud (Lehre, Belehrung, Studium). Entscheidende Autorität gewann der „Babylonische Talmud", der etwa 800 abgeschlossen war. Er enthält den Text der Mischna und die kommentierende Gemara (Vollendung). Neben erzählenden Passagen (Haggada), die vor allem biblische Texte näher erläutern, enthält der Talmud Anleitungen für die Lebenspraxis, die Halacha (Weg, den man beschreitet). Sie wurden immer wieder fortgeschrieben bzw. systematisiert (z.B. im 16. Jh. durch den Gelehrten Josef Karo).

Manche Bestimmungen der Tora beziehen sich auf den Tempelkult oder das Leben im Heiligen Land, sodass für heutige Juden jeweils nur Teile der Weisung verbindlich sind. Zwar betet der gläubige Jude im Achtzehngebet täglich um die Wiedererrichtung des Tempels in

Jerusalem, doch die meisten werden froh sein, dass es nicht dazu kommt. Durch die Privatisierung und Spiritualisierung des Glaubens in der rabbinischen Tradition wurde überhaupt erst die Voraussetzung geschaffen, aus dem Judentum eine lebendige Religion zu machen, die die Jahrhunderte bis in unsere Zeiten übersteht. Die samaritanische Religionsgemeinschaft, die bis heute Tieropfer auf dem Berg Garizim kennt, ist dagegen zu einem kleinen, unbedeutenden Häufchen geschrumpft. Diese Form der Frömmigkeit entspricht nicht mehr dem Fühlen heutiger Menschen.

Christen stritten immer erbittert über Nuancen ihres eigenen Glaubens, Einzelheiten des Lebens spielten dagegen eine untergeordnete Rolle. Diesem Hang zur Rechtgläubigkeit (Orthodoxie) stellen Juden die Bedeutung der Orthopraxie, des rechten Handelns gegenüber. In Einzelfragen des Glaubens zeigen sie dagegen eine erstaunliche Vielfalt (bis hin zu Vorstellungen von Wiedergeburt). Dass so viele Juden im 20. Jh. wichtige wissenschaftliche Entdeckungen oder auch künstlerische Werke geschaffen haben, mag mit dieser geistigen Freiheit zusammenhängen, die sich nicht von überlieferten Vorurteilen begrenzen lässt.

3.6 Anklagen und Anbeten

„Und Israels Leib im Rauch durch die Luft!" Dieser Vers aus Nelly Sachs' Gedicht *„O die Schornsteine"* verdeutlicht, wie bedrückend die Anfrage an Gott nach der Schoa (der industrialisierten Vernichtung der europäischen Juden) geworden ist. Nach Auschwitz ist auch für den Theologen nichts mehr wie zuvor. Oder gliedert sich das mörderische Handeln der National-sozialisten lediglich ein in die Katastrophen- und Verfolgungsgeschichte des jüdischen Volkes? Wird man es im Rückblick nach Jahrhunderten nur als einen Mosaikstein dieser Geschichte sehen? Die jüdische Vorstellung, dass Gott letztlich der in der Geschichte Handelnde ist, dass er Nebukadnezar und Kyros zu seinen Erfüllungsgehilfen erwählt hat, verlor jedenfalls schon bei den Auseinandersetzungen gegen die Römer ihre erklärende Kraft. Nicht bei den Pogromen der Kreuzfahrer und auch später nicht kam man auf diese Theorie zurück. Im Gegenteil schien sich Gott immer mehr zurückgezogen zu haben, falls er jemals überhaupt aktiv gehandelt hatte. In der Schoa erreichte aber die Entpersönlichung des leidenden Volkes ihren Höhe-punkt. Es waren nicht Menschen, verhasste „Feinde", die man abschlachtete, es waren „Ratten", die mit Gift

vernichtet wurden. An diesen „Verurteilten" musste man sich nicht einmal die Hände schmutzig machen.

Alle bekannten Erklärungen für das Leiden Israels verloren an Relevanz, wenn sie auch von manchen Theologen weiter vertreten wurden. Für welche Sünde des Volkes wäre eine solche Strafe angemessen? Wie könnte man in dieser Massenvernichtung eine Prüfung oder ein pädagogisches Handeln Gottes erkennen? Und auch die Vorstellung, in Israels Leiden (entsprechend der Gottesknechtskonzeption Deuterojesajas) eine Sühne für die Sünden der Völker zu erkennen, trug nicht mehr.

Manche sehen Gottes Antwort auf Auschwitz in der Gründung des Staates Israel. Es gelang eben nicht, alle Juden zu vernichten, im Gegenteil, sie haben eine Selbständigkeit erhalten, die sie jahrhundertelang nicht hatten. Doch der eigene Staat vermittelt Hoffnung und Erschrecken in gleichem Maße. Dass die Unterdrückten und Gedemütigten sich selber als Unterdrücker und Aggressoren betätigen, ist jedenfalls nicht die Lösung aller Probleme jüdischer Landestheologie. „Masada darf nie wieder fallen", das Wort des jüdischen Dichters Yitzhak Lamdan, wurde nicht nur über viele Jahre bei der Vereidigung israelischer Rekruten gesprochen, sondern scheint mir die kollektive Neurose dieses Staates zu benennen. Bis 73 n. Chr. hatte sich die jüdische Festung Masada im Jüdischen Krieg auf einem Felsenplateau in der Nähe des Toten Meeres gehalten. Als den Römern schließlich durch den Bau einer Rampe die Erstürmung gelang, hatten die Verteidiger, Männer, Frauen und Kinder, kollektiv Selbstmord begangen. Niemand wollte in die Hände der Römer fallen. Sich aufzugeben, ohne bis zum Letzten zu kämpfen, und sich überhaupt als zu schwach zu erweisen, das dürfe nicht mehr geschehen. Angesichts der rings umgebenden Feinde soll Israel kein Staat der Opfer, sondern der Herren sein. In den Landvorstellungen der Israelis, aber auch in der Bemühung um militärische Stärke knüpft Israel an die Politik Davids an. Aber auch damals konnte dieser Erfolg nicht von Dauer sein. Von meinen Israelreisen her weiß ich aber, dass die Situation im Land noch viel komplizierter ist, als sich der Außenstehende bewusst machen kann. „Einfache" Lösungen für den Konflikt kann nur der formulieren, der keine Ahnung hat. Und gerade Deutsche sollten sich da besonders zurückhalten, weil deutsche Vernichtungspolitik wesentlich erst zur Gründung des Staates Israel beigetragen hatte.

Elie Wiesel (1928-2016) hat als junger Mann die Konzentrationslager Auschwitz und Buchenwald überlebt. Er berichtete von einem Prozess, den jüdische Gelehrte gegen Gott anstrengten. Am Ende stand der Urteilsspruch: „Schuldig!" Anschließend riefen sie zum Gebet auf. Dieses scheinbar widersprüchliche Verhalten steht in einer langen jüdischen Tradition. Der Gläubige hat oft viele Gründe, sich bei Gott zu beklagen, ja ihn anzuklagen, aber er vollzieht seine Klage immer angesichts dieses oft unverständlichen Gottes. Es ist wie ein Ehestreit, den man nicht vermeidet, indem man sich trennt, sondern den man bis zum Letzten ausficht. Auch im Konflikt wird immer noch die Nähe zum anderen gesucht und erlebt. Jüdische Theologen stehen hier in der Tradition Ijobs, der sein Leid vor Gott trägt und Antwort einfordert. In diesem Bemühen lässt der jüdische Theologe nicht locker.

Angesichts der Geschichte des Leidens greifen alle menschlichen Versuche, Gott zu rechtfertigen, zu kurz. Der Philosoph Hans Jonas (1903-1993) stellte z.B. die göttliche Allmacht in Frage. „Allmächtig" könne nur jemand sein, der durch keine andere Existenz begrenzt werde. Gott aber habe sich freiwillig dieser Allmacht entäußert, indem er eine Welt mit ihren Eigengesetzen geschaffen habe. Er sei daher gar nicht in der Lage, in die Geschichte einzugreifen. Aber diese Theorie, die sich auf den Mystiker Isaak Luria bezieht, hat keinerlei

Anhaltspunkte in der biblischen Tradition. Der vom evangelischen Theologen Jürgen Moltmann (geb. 1926) formulierte Ansatz, ein liebender Gott müsse auch ein leidender Gott sein, Gott leide also mit seinem Volk mit, er sei in Auschwitz selber betroffen, hat in seinem Gedanken einen richtigen Kern. Aber auch ein selber leidender Gott wird für den leidenden Menschen nur ein bedingter Trost sein. Wenn man eine Verwandlung des Leidens nicht mitdenkt, führt auch dieser Gedanke zur letztlichen Machtlosigkeit Gottes.

Wie Ijob wird also auch der leidende Mensch die Frage offenlassen und in dringender Weise an Gott richten. Nicht der Mensch kann Gott rechtfertigen, Gott soll es selber tun. Darauf hofft der Beter.

Elie Wiesels Drama „Der Prozess von Schamgorod" (1979) verlegt die innere Auseinandersetzung ins 17. Jahrhundert, in eine Zeit der Pogrome in Russland. Am Purimfest, dem jüdischen „Karneval", an dem man sich sowieso verkleidet und spielt, initiiert ein Wirt mit einer Schauspieltruppe einen Prozess gegen Gott. Ein kalter, in seinem Privatleben rücksichtsloser Intellektueller übernimmt die Rolle des Verteidigers. Und er argumentiert außerordentlich nachvollziehbar und geschickt, sodass ihm niemand widersprechen kann. Kurz vor dem hereinbrechenden Pogrom erweist sich der junge Mann als der Teufel. Menschliche Versuche, Leiden zum „Vorteil" Gottes zu erklären bzw. wegzudiskutieren, erweisen sich als Werk des Teufels. Die jüdische Reaktion auf das unverständliche Leid ist aber auch nicht die Abwendung von Gott, sondern der Protest im Angesicht Gottes, nicht der Verlust des Glaubens, sondern die Klage über Gottes Schweigen.

Im Warschauer Ghetto formulierte ein Glaubender seinen Protest: Gott habe alles getan, um ihn von seinem religiösen Weg abzubringen. Aber es werde ihm nicht gelingen. „Ich werde dich immer lieb haben – dir selbst zum Trotz!" Der Glaube des leidenden Juden offenbart sich als letzter Protest gegen den Gott, dessen Eingreifen nicht erkennbar ist.

4 Durch den Sohn zum Vater – das Christentum

4.1 Der Jude für alle

Mk 7,24-30 und Mt15,21-28 erzählen uns mit leicht unter-schiedlichem Schwerpunkt eine zunächst verstörende Begebenheit. Eine heidnische Frau bittet Jesus dringend um Hilfe für ihre kranke Tochter. Während sich die Jünger belästigt fühlen, versucht

Jesus das Geschrei der Frau einfach zu überhören. Als sie hartnäckig bleibt, verweist er sie auf seinen Auftrag: Das „Brot" seiner Botschaft sei für die „Kinder" Israels bestimmt, nicht für die „Hunde" (die Heiden). Er weist die Frau also sehr rüde zurück. Diese akzeptiert die Unterscheidung, verweist aber darauf, dass auch die Hunde von den Resten des Tisches essen könnten. Jesus lässt sich durch die schlagkräftige Antwort und das Vertrauen der Heidin umstimmen: Er spricht seine heilenden Worte aus.

Heidnische Menschen als „Hunde" zu bezeichnen, ist schon arg, doch ist hier wohl eine Zurückweisung, nicht aber eine Beleidigung gemeint. Im Bild, das Jesus verwendet, geht es nämlich nicht um streunende Hunde, sondern um den in Familien durchaus geschätzten Haushund. Auch er hat ein Recht auf Nahrung, aber erst, nachdem in der Familie alle satt sind (so die Aussage bei Mk). Der Text bei Mt geht eher davon aus, dass Hunde eine andere Nahrung erhalten als die Kinder. Die „Nahrung", die Jesus zu bieten habe, sei eben nur für Juden bestimmt.

Der Text macht deutlich, dass Jesus sich als Jude ganz im Rahmen des Judentums betrachtet hat. Auch seinen Auftrag bezog er zunächst exklusiv auf diese Gruppe. So hielt er sich beispielsweise streng an das Verbot, das

Haus eines Nichtjuden zu betreten. Die Heilung der Tochter dieser Frau wie beispielsweise auch des Knechtes eines römischen Hauptmanns (Mt 8,5-13) erfolgte jeweils in der Distanz. Auch das Verhalten der Jünger nach Tod und Auferstehung Jesu bestätigt die Praxis ihres Meisters. So musste Petrus erst durch eine göttliche Vision dazu „überredet" werden, das Haus des Hauptmanns Kornelius zu betreten (Apg 10): „Was Gott für rein erklärt hat, nenne du nicht unrein!" Der Text macht aber auch deutlich, dass Jesus bereit war, sich von einer Frau belehren zu lassen und seine eigene Sicht zu weiten: Auch viele Heiden sind erlösungs-bedürftig und erlösungswürdig, oft sogar eher als manche Juden.

Jesus lebte in einer Zeit der Gärung. Es bildeten sich zahlreiche größere und kleine Gruppierung, die ihren überlieferten Glauben unterschiedlich interpretierten und lebten. Sie diskutierten und stritten miteinander, und manchmal kam es auch zu Gewalttaten. Aber niemals zogen sie das eigene Jude-Sein oder das der anderen in Zweifel.

Einige dieser Gruppen waren überzeugt davon, dass das Ende irdischer Geschichte bevorstehe und dass Gott wieder die Initiative übernehmen werde. Die

Überzeugung, in der Endzeit zu leben, führte aber zu unterschiedlichen Konsequenzen. Einige sahen die Notwendigkeit kriegerischer Initiative, um die Zeit zu verkürzen (Zeloten, Sikarier). Andere forderten, sich durch eine rechte Lebensweise auf das Kommende vorzubereiten und Gott nicht ins Handwerk zu fuschen. Sie sonderten sich von den anderen ab und bemühten sich um kultische Reinheit (Essener, Qumran-Leute). Die Bereitschaft, das Ende der Zeiten zur Um-kehr zu nutzen, drückte sich für die Anhänger des Johannes im Tauchbad aus. Es sei höchste Zeit, noch zu reagieren, weil das Gericht unmittelbar bevorstehe. Und der Bestrafung oder Vernichtung entgingen jeweils nur wenige, ein heiliger „Rest" Israels. Jesus, der offenbar mit Johannes Kontakt hatte, übernahm die Vorstellung vom nahen Ende. Aber er wollte nicht aussondern, er wollte vereinen. Er war überzeugt, dass die wichtigste Initiative nicht vom Menschen ausgehe, sondern von Gott. Weil das Ende bevorstehe, deshalb bemühe sich Gott, möglichst viele Juden an sich zu ziehen, selbst die, die von ihren Mitmenschen längst fallen gelassen wurden, weil sie durch ihren Beruf oder ihre Lebensweise den Bestimmungen des mosaischen Gesetzes nicht nachkommen konnten (oder bisher nicht wollten). Jesus predigt die zuvorkommende Barmherzigkeit Gottes, die nicht auf Buße und Umkehr des Menschen wartet, sondern den ersten Schritt macht. Dieses großzügige Angebot gelte es dann nur noch anzunehmen. Jesus will keine kleine Herde sammeln, er will Israel vereinen, auch in der Überzeugung, dass kein Mensch so vollkommen sei, dass er Gottes Gnade nicht bedürfe. Zentrales Zeichen seiner Botschaft ist daher nicht die Bußtaufe, sondern das gemeinsame Essen und Trinken. Ein Mahl schafft Gemeinschaft unter den Anwesenden, ein „neues" Gefühl der Zusammengehörigkeit. Dass Jesus auch mit stadtbekannten „Sündern" gemeinsam aß, brachte ihm bei Zweiflern einen schlechten Ruf ein („Fresser und Säufer", Mt 11,19). Nicht jeder nahm das Angebot an, sich mit diesen Verachteten gemeinsam in Gottes Reich zu sehen.

Gottes Ruf, seine Barmherzigkeit anzunehmen, relativierte manche Bestimmungen der Tora, ohne sie aufzuheben. Ob Jesus aber das „Gesetz" erleichtert oder erschwert hat, ist eine Frage der Sichtweise. Beispielsweise verurteilt er in Mt 5,21ff. nicht nur die vollzogene Tötung. „Mord" beginnt für ihn schon mit Beleidigung, mit Mobbing, ja mit aggressiven Gedanken und Gefühlen. Die Tötung eines Menschen erfolgt nicht aus dem Blauen heraus, sie hat eine Vorgeschichte.

Während die Pharisäer und die späteren Rabbiner Regeln für Handlungen aufstellten, um durch sie die innere Einstellung zu beeinflussen, geht Jesus den umgekehrten Weg. Er „verinnerlicht" das Gesetz, fragt nach dem eigentlichen Sinn der Gebote, z.B. des Sabbatgebots, und entlässt seine Anhänger in die Freiheit, aus der richtigen inneren Einstellung heraus die richtige Handlung zu vollziehen. Wer in sich Frieden und Vergebungsbereitschaft spürt, wird friedlich handeln.

In allem, was Jesus predigt, wird man aber die Tradition jüdischer Theologie erkennen. In seinen „Lehranweisungen" wird man nichts finden, was nicht bestimmte Rabbiner vor oder nach ihm auch schon gesagt hatten. Das gilt auch für die Zusammenfassung der Tora im Doppelgebot der Gottes- und Nächstenliebe (z.B. Mt 22,35-49). Was Jesus von den Pharisäern unterscheidet, ist sein Bemühen, alle, auch die „Sünder" mit ins Boot zu holen.

Wenn die Pharisäer in den Evangelien als Hauptgegner Jesu herausgestellt und kritisiert werden, bildet das die veränderte Situation nach dem verlorenen jüdischen Krieg ab. Aus der Vielzahl jüdischer Gruppierungen waren weitgehend nur Pharisäer und Jesusanhänger übriggeblieben. In der Verkündigung des Messias Christus sahen die jüdischen Rabbiner eine Gefährdung ihres Projekts, die jüdische Religion durch die mündliche Tora über die Zerstörung des Tempels und seines Kultes hinweg lebendig zu erhalten. Die Messiashoffnung sollte dabei erst einmal verschoben werden, auch um die eigenen Bemühungen nicht durch die Römer zerstören zu lassen. „Christen" wurden vielfach aus den Synagogen vertrieben und wandten sich zugleich zunehmend an Heiden als Empfänger christlicher Verkündigung. Es dauerte nicht lange, bis Juden in der christlichen Kirche in der Minderheit waren. Die mit diesem Prozess verbundene Polemik hat ihren Niederschlag im NT gefunden.

Natürlich gab es unter den Pharisäern auch Heuchler, die sich nur in den Mittelpunkt stellen wollten, wie bei jeder anderen religiösen Gemeinschaft auch. Die meisten Pharisäer waren aber ernsthaft darauf bedacht, Gottes Willen zu vollziehen und ihren Mitmenschen durch religiöse Unterrichtung zu helfen. Das wurde von Jesus auch anerkannt, der selbst Freunde in den Reihen der Pharisäer hatte. Seine Todfeinde waren eher die Sadduzäer, die Priesteraristokratie in Jerusalem. Sie konnten weder seine Erwartung des Zeitenendes und des Gottesreiches nachvollziehen noch glaubten sie an eine Auferstehung der Toten. Vor allem ging es ihnen aber darum, den Tempel, und d.h. ihre Machtposition, zu erhalten. In Jesu Zeichenhandlungen (vor allem Mk 11,15-19; 13,1f.) sahen sie eine Gefährdung dieser Position. Ihnen war daran gelegen, den Unruhestifter zu beseitigen (Mk 14,1f.).

4.2 Mit Gott auf Du und Du

Wer ist dieser Mensch? Jesu Botschaft und seine Tätigkeit als Heiler stießen bei denen, die sich auf ihn einließen, auf freudige Erwartung, bei der großen Masse auf hektische Überlegungen und Gerüchte. Die Gärung dieser Zeit äußerte sich auch in Zuschreibungen und Spekulationen. Er ist ein Prophet, gewiss, aber er scheint mehr als das zu sein. Der Begriff „Menschensohn" meint, anders als das Wort es ausdrückt, ein himmlisches Wesen, das *wie* ein Mensch erscheint und in der Endzeit Gericht über die Menschen hält. Der „Gesalbte" (Messias, Christus) wiederum ist ein Mensch, der durch sein politisches Wirken dazu beiträgt, die Endzeit herbeizuführen. „Sohn Gottes" bzw. „Kinder Gottes" ist zunächst eine Bezeichnung für das ganze Volk Israel. Der Titel gebührt aber auch dem König, der bei seiner Thronbesteigung von Gott als „Sohn" adoptiert und damit legitimiert wurde (vgl. Ps 2). Auch der Titel „Gottesknecht" (nach Jes 53) bezieht sich ursprünglich auf ganz Israel). „Herr" (Kyrios) ist schließlich die Benennung des römischen Kaisers oder anderer großer Herrscher. Alle diese Benennungen konnten irgendwie auf Jesus übertragen werden, weitgehend aber auch nicht. Das NT behilft sich damit, dass Jesus nicht einen Titel, sondern die Summe aller dieser Titel erhält. Er ordnet sich nicht in diese Begriffe ein, sondern sie müssen sich in ihrer Bedeutung verändern, um wenigstens erahnen zu lassen, was es mit diesem Menschen auf sich hat. Jesus selber predigte nicht über sich, sondern über die bevorstehende Herrschaft Gottes und die von diesem bewirkte Gnade. Hinter seiner Botschaft von Gott tritt er ganz zurück, was er lehrt und wie er handelt, verwirklicht einzig Gottes zuvorkommende Barmherzigkeit. Er ist nicht mehr und nichts anderes als diese Barmherzigkeit. Dieser irdische Mensch zeigt sich seinen Anhängern transparent für Gottes Handeln.

Was den Menschen an Jesus auffiel, war sein Anspruch, Gott genau zu kennen, seinen Willen zu vollziehen und vertraut mit ihm zu reden. Sein Verhältnis zu Gott drückte er im aramäischen Wort „Abba" aus, einem Lallwort, das Kinder zu ihrem Vater sprechen, unserem deutschen Papa gleichend. Zur Zeit Jesu hatte es sich freilich durchgesetzt, dass auch Erwachsene ihren Vater so anreden konnten. „Vater" kam als Bezeichnung für Gott im AT schon vor, wenn auch selten. Gott mit „Abba" anzureden, war aber nicht üblich. Den Allmächtigen derart in die Alltäglichkeit des Familiären zu ziehen, erschreckte manche Juden, andere spürten eine innere Befreiung. Denn Jesus setzte sich nicht nur als „der Sohn" in Pose, er gab diese Unmittelbarkeit der Gottesbeziehung auch an seine Jünger weiter. Jeder dürfe und könne so großes Vertrauen zu Gott haben, dass er von ihm alles erwarten könne, was er zum Leben braucht. Denn ein Vater sorgt für seine Kinder. Die Abba-Anrede ist Ausdruck dieses großen Vertrauens und entspricht Jesu Grundbotschaft: Jetzt, wo das Ende nahe ist, bricht Gottes Heilszeit an.

Jesus weist aber nicht nur auf eine nahe Zukunft hin. In ihm selber sei die Endzeit keimhaft schon da (z.B. Mk 4,30-32). Indem er Gottes unstillbare Barmherzigkeit nicht nur predigt, sondern auch lebt, hat sich eine Veränderung vollzogen, die nicht mehr rückgängig gemacht werden kann. Gottes „Machttaten" durch Jesus („Wunder" ist der falsche Begriff) verweisen mitten in einer leidvollen Welt auf eine letzte Wirklichkeit, die kein Leid und keine Entfremdung mehr kennt, weil sich Gottes Liebe durchsetzt (z.B. Lk 11,20). Jesu Aufforderung an die Menschen, Gottes Willen zu erfüllen und Gottes Gerechtigkeit zu leben, ist die Einladung, diese Liebe zu den Mitmenschen im eigenen Leben zu vollziehen. Gott setzt seinen Willen nicht gegen die menschliche Freiheit durch, er versucht, den Menschen Stück für Stück zu verwandeln. Damit geht Jesus von jedem revolutionären Konzept apokalyptischen Denkens ab. Im Gegensatz zu vielen religiösen Bewegungen seiner Zeit denkt er nicht national-politisch, sondern setzt die Veränderung beim Einzelnen an. Seine Vorstellung vom anbrechenden Heil schon in der Gegenwart (präsentische Eschatologie) relativiert damit auch seine Naherwartung. Da Entscheidendes schon geschehen ist, ist der Zeitpunkt endgültiger Vollendung nicht mehr alles entscheidend. Er muss sowieso Gott überlassen werden und kann nicht errechnet werden.

4.3 Das Wort wird Fleisch

Wenn ein Handtuch so mit Wasser vollgesogen ist, dass es nur so tropft, dann ist es immer noch ein Handtuch, aber es ist auch Wasser. Wenn ein Mensch so „vollgesogen" von Gott ist, dass man in allen seinen

Lebensäußerungen Gott erkennen kann, dann bleibt er Mensch und ist doch unendlich mehr. Jesus erhebt nicht nur den Anspruch, den Willen seines „Vaters" zu erfüllen, er lebt ihn auch. Menschen, die ihm begegnen, erfahren, in ihm Gott selber begegnet zu sein, jedenfalls, wenn sie sich auf diese Erfahrung einlassen.

Wer ist also dieser Jesus? Das NT ringt mit dieser Frage und versucht in vielfältiger Weise, die eigene Erfahrung und den Glauben in Worte zu fassen. Betete Jesus nicht zu seinem „Abba", sah er ihn nicht als Ansprechpartner, als ein Gegenüber? Und dennoch, hatte sich Jesus nicht als die Tür erwiesen, die entscheidende Tür, die offen ist für die Begegnung mit Gott? Seine Anhänger erfahren: Nur mit seinen Augen sehen sie Gott, wie er ist. Im Menschen Jesus erkennen sie den Mittler, durch den auch sie zum Vater finden. Christus nimmt für Christen die Stelle der Tora bei den Juden ein, ein attraktives Angebot auch für Nichtjuden, den einen Gott zu verehren.

Am Anfang des Johannesevangeliums meditiert ein Hymnus das innere Wesen Christi und sein Verhältnis zu Gott. „Im Anfang war das Wort..." (Joh 1,1) Bewusst knüpft der Vers an den Beginn der biblischen Schöpfungsgeschichte an. Alles, was existiert, schafft Gott mit seinem Wort. Einerseits zeigt Gen 1, wie leicht

Gott die Schöpfung fiel. Er musste keinen Kampf bestehen, er musste sich nicht abarbeiten. Andererseits bestand seine Arbeit eben in den Worten, die er sprach. Die moderne Sprachwissenschaft verdeutlicht, dass Aussagen zugleich Handlungen sein können, am deutlichsten bei Formulierungen wie „Ich verspreche" oder „Ich entschuldige mich". Gottes schöpferisches Wort ist eine wirkmächtige Handlung, die zugleich alle anderen Handlungen dieser Welt überhaupt erst ermöglicht hat. Mit seinem Wort geht Gott aus sich heraus und lässt sich auf seine Schöpfung ein. „Wort" steht also für Gott, insofern er sich den Geschöpfen, vor allem den Menschen, zuwendet. Und da das Wort aus seinem eigenen Willen kommt, ist es natürlich mit ihm identisch.

Der Hymnus identifiziert das Wort mit Christus (ausdrücklich erst in Joh 1,17). Wenn Gottes Wille und sein Handeln ganz in diesem Menschen repräsentiert ist, dann ist auch er das schöpferische Wort, von dem Gen 1 gesprochen hat. „… und das Wort war Gott." (Joh 1,1) Diese Formulierung in vielen Übersetzungen könnte leicht missverstanden werden. Die Bibelwissenschaftler verweisen darauf, dass vor *theos* (Gott) nicht wie bei Joh üblich der Artikel steht. Es ist daher nicht an etwas Zweites, beispielsweise einen Sohn neben einem Vater, gedacht, sondern es ist Gott selber, der sich den Menschen offenbart. Weil nun das Wort selber ein Mensch ist (und nicht nur, wie bei den Propheten, von ihnen verkündet wird), war Gott den Menschen noch nie so nahe.

„Und das Wort ist Fleisch geworden…" (Joh 1,14). Das Wort „Fleisch" statt „Mensch" verdeutlicht die Hinfälligkeit und Gefährdung menschlichen Lebens. Gottes Wort kam eben nicht nur auf Besuch, um sich, wenn es ernst wird, triumphal wieder zu verabschieden. Jesus war ganz Mensch, erlebte und erlitt ein Schicksal, das er mit vielen teilte. Daher ist seine Menschennatur nicht nur eine Verkleidung, während seine geistige Natur immer schon im Himmel existierte. Gott und Mensch existieren in ihm vielmehr immer zusammen, „unvermischt und ungetrennt", wie es das Dogma (der Glaubenssatz) sagt. Das „Wort", d.h. die Außenseite Gottes, existierte dagegen präexistent, von Anfang an, auch wenn es sich in der Geschichte darstellte.

Die Weihnachtsgeschichten des NT (Mt 1-2 und Lk 1-2) versuchen, das Besondere der Person Jesu an seiner Geburt festzumachen. Es sind keine historischen Quellen, sondern theologische Texte, die mit legendarischen Motiven arbeiten, um von Menschen der damaligen Zeit verstanden zu werden. Dass besondere Persönlichkeiten schon an den ungewöhnlichen Umständen ihrer Geburt zu erkennen sind, das war die Überzeugung der damaligen Zeit. Zudem sollte deutlich werden, dass sich in Jesus die Prophezeiungen des AT erfüllt haben. So musste er beispielsweise – wenn auch über seinen „Adoptivvater" Josef – in verwandtschaftlicher Beziehung zum Geschlecht Davids stehen.

Dass es auf die Geburt Jesu erst in zweiter (oder dritter) Linie ankommt, zeigt schon das älteste Evangelium nach Markus, das keine Weihnachtsgeschichte enthält. Dass ein Mensch, der von den Römern hingerichtet wurde, zuvor gelebt haben muss, und dass er, wenn er gelebt hat, auch geboren wurde, ist selbstverständlich, für das Zentrum christlichen Glaubens aber nicht entscheidend. Im Mittelpunkt christlichen Feierns stehen vielmehr die österlichen drei Tage (Gründonnerstag, Karfreitag, Ostersonntag), nicht das Weihnachtsfest. Dieses entwickelte sich erst im 4. Jahrhundert ohne Bezug auf ein historisches Geburtsdatum Jesu. Es trat vielmehr an die Stelle eines römischen Festes für den Sonnengott, die „unbesiegte Sonne". Wenn nach der Wintersonnenwende die Tage wieder länger, wenn es also wieder heller wird, zeigt sich, dass sich das Licht nicht von den Mächten der Dunkelheit verdrängen lässt. Auch die

Juden feiern zu dieser Zeit ihr Lichterfest (Chanukka), indem sie jeden Tag eine Kerze mehr entzünden. Christen sehen in Jesus Christus die unbesiegte Sonne, weil er nicht im Tode verblieb, sondern den Triumph des Lebens offenbarte.

4.4. Für die Vielen

Der Hymnus Phil 2,6-11 stellt poetisch den Weg Jesu in die Erniedrigung und die darauffolgende Erhöhung durch Gott dar. Dabei wird die Ausgangslage sehr unterschiedlich interpretiert. (Phil 2,6 in EÜ: „Er war Gott gleich, hielt aber nicht daran fest, Gott gleich zu sein.") Gemeint ist wohl auch hier keine vorangegangene Existenz Jesu im Himmel, sondern sein Verzicht darauf, sein Potential, seine besondere Nähe zum Vater, zum eigenen Vorteil zu missbrauchen. Der Vers verweist also zurück auf die Versuchung Jesu (z.B. Mt 4,1-11). Jesus verzichtete auf jeglichen göttlichen Glanz und lebte als Mensch unter Menschen, berührt und beeinflusst von den sozialen Verhältnissen seiner Zeit, hinfällig und eigenem Leiden ausgeliefert bis hin zum Tod. Der Gehorsam gegenüber Gott, dessen Wille allein entscheide (vgl. Mt 6,10), war dabei die zentrale Maxime seines Handelns.

Die Erhöhung Jesu wird als Gottes Belohnung für diesen Gehorsam dargestellt. Er wird zur alles entscheidenden, alles überragenden Gestalt, die universal verehrt wird. Der Zielpunkt wird aber am Ende des Hymnus deutlich. Auch diese „Inthronisation" des Erniedrigten geschieht letztlich zur Ehre des Vaters.

Auffällig ist, dass im Lobpreis der Geschöpfe in Phil 2,11 immer noch „Jesus", d.h. der Name dieses irdischen Menschen, im Mittelpunkt steht. Nur weil Jesus ganz Mensch war, auch am Kreuz das Los vieler geteilt hat, deshalb kann er „oben" und „unten", Gott und seine Schöpfung, miteinander verbinden.

Keine Episoden im Leben Jesu werden in den Evangelien so genau dokumentiert wie seine Passion. Es wird nicht nur eine genaue Reihenfolge der Ereignisse geboten, sondern es geht bis zur Angabe der jeweiligen Stunden. Auf der anderen Seite bleibt vieles für eine historische Nachfrage unklar, weil die Evangelientexte theologisch gestaltet sind und schon die Praxis der frühen Gemeinden ins Leben Jesu hineintragen. Die Erfahrungen der Jünger nach Ostern beeinflussen so die Erinnerung des Geschehens vor

Ostern. Vor allem kann man bei den Intentionen Jesu nur Vermutungen anstellen, oder genauer, man muss sie aus der Analyse der Texte schlussfolgern.

Klar ist, dass die überhitzte politische Atmosphäre Jesu Anwesenheit in Jerusalem im zeitlichen Umfeld des Paschafestes zum Risiko werden ließ. Mit seiner provokanten Aktion am Tempel (z.B. Mk 11,15-18) sorgte Jesus selbst dafür, sich die jüdische Obrigkeit verhasst zu machen. Seine Botschaft von Gottes zuvorkommender Güte und seiner Einladung in sein Reich hatte den Großteil des Volkes nicht erreicht. Jesus konnte also seine Mission als gescheitert sehen. Wenn er in Jerusalem blieb, musste er mit seinem Tod rechnen. Dass er tatsächlich damit gerechnet hat, wird z.B. im Rahmen des letzten Abendmahls deutlich, das bewusst als Abschiedsmahl gestaltet war (Lk 22,15; Mk 14,25).

Jeder will leben, (fast) niemand will sterben. Auch Jesus sehnte seinen Tod nicht herbei, er lief ihm aber auch nicht davon. Wiederholt hatte er in Gleichnissen und Lehrsätzen betont, dass es so wichtig sei, sich nach dem Reich Gottes auszustrecken, dass man auch sein Leben dafür opfern könne, wenn es nötig sei (Mt 16,24f.). Selber in dem Augenblick höchster Gefahr wegzulaufen, hätte seine Botschaft von vorneherein unglaubwürdig

115

gemacht. Im Ausharren und Geschehen-Lassen zeigt sich so deutlich Jesu Gehorsam, aber auch sein Vertrauen gegenüber dem Vater. „Aber nicht, was ich will, sondern was du willst" (Mk 14,36) drückt seine Bereitschaft aus, sich ganz Gottes Willen zu überlassen. Das Gebet im Garten Getsemani wie auch Jesu Worte am Kreuz (Mk 15,34) zeigen – auch wenn sie wohl der theologischen Gestaltung der Evangelisten entstammen – die Ambivalenz in seiner Stimmung. Sie drücken die Einsamkeit dessen aus, der ganz auf Gott vertraut hat und der dennoch keine Hilfe, noch nicht einmal eine Reaktion, erhält. Und sie drücken das immer noch größere Vertrauen aus, das durch das Gefühl der Verlassenheit hindurch immer noch alles vom Vater erwartet. „Mein Gott, mein Gott, warum hast du mich verlassen?" verweist auf den ganzen Ps 22, der nach der verzweifelten Klage den Lobpreis über die vollzogene Errettung formuliert.

Das Geschehen im Abendmahlssaal zeigt, dass Jesus seinen Tod nicht nur im Gehorsam hingenommen, sondern ihm auch einen Sinn verliehen hat. Dabei diente ihm das Gottesknechtslied Jes 53 als gedankliches Muster. Das unschuldige Leiden des Gottesknechtes befreit dort die Menschen von ihren Sünden und vermittelt dadurch neue Nähe zu Gott. Jesus, der seinem eigenen unschuldigen Leiden entgegensah, interpretierte dies ebenso als stellvertretende Handlung für die Vielen (Mk 14,24), d.h. nicht nur für die Gruppe seiner Jünger, auch nicht nur für Israel, sondern universal für die Menschheit. Spätestens im Abendmahlssaal verstand Jesus seine Mission in einem größeren Kontext.

Indem Jesus Brot und Wein segnete und austeilte (ohne selber davon zu nehmen), gab er sich ganz den anderen, ohne etwas für sich zurückzuhalten. Die Deuteworte, die er dabei sprach (...das ist mein Leib" Mk 14,22; „Das ist mein Blut..." Mk 14,24), überschreiten die Regeln eines jüdischen Mahles. „Leib" steht für den ganzen Menschen, vor allem in seiner Beziehung zu Gott und den Mitmenschen. „Blut" steht für Leben, Lebendigkeit. Beide Sätze meinen also: Das bin ich. Im Rahmen des Abschiedsmahles heißt dies auch: Ich kann bald nicht mehr mit euch Mahl halten, aber in den Gestalten von Brot und Wein bin ich immer bei euch. Wenn ihr also dieses Mahl mit euren Mitbrüdern (und -schwestern) haltet, haltet ihr es zugleich mit mir. Mehr noch: Das Heil, das ich als „Gottesknecht" vermittelt habe, wird auch in und durch euch wirksam.

Zeichenhaft verweist das Abendmahl auf das eschatologische Mahl im Reich Gottes. Schon die vielen Mähler, die Jesus in der Zeit seiner Wirksamkeit gehalten hat, nahmen den ewigen Bund voraus, den Fromme und „Sünder" in Freude miteinander teilen würden. Das Abendmahl (die Eucharistie) füllt nun die Zwischenzeit bis zur Vollendung im endgültigen Mahl. Auch in dieser Zeit, so lautet die Botschaft, lässt Jesus seine Gemeinde nicht allein.

In Jesu Vorstellungen gab es sicher keine ausgefeilte Soteriologie (Lehre vom Heil, von der Erlösung). Dass sich christliche Theologen darüber Gedanken machten, war unausweichlich, aber auch gefährlich. Formulierungen können töten, wenn man sie absolut setzt, und sie reißen auseinander, was Jesus verbinden wollte, nämlich den „neuen Bund" in seinem Blut (Lk 22,20).

Dass Jesus nicht im Tod verblieb, sondern auferweckt wurde, war die Erfahrung seiner Anhänger, die zunächst kopflos und verzweifelt geflohen waren. Die Gewissheit, dem Auferstandenen begegnet zu sein, war nur sehr chiffrenhaft in Worte zu fassen. Daher enthalten die Ostergeschichten manche Widersprüche. Gemeinsam verdeutlichen sie folgende Erfahrungen:

•Der Gescheiterte und scheinbar Verfluchte wird von Gott beglaubigt. Damit werden auch Jesu Botschaft vom Reich Gottes und sein besonderes Gottesverhältnis bestätigt.

•Das Leben triumphiert über den Tod. Jesu stellvertretende Sühne und seine Auferstehung sind die Grundlage der christlichen Hoffnung auf ein Leben bei Gott.

•Bei aller Unterschiedlichkeit bleibt eine Kontinuität zwischen irdischem Jesus und auferstandenem Christus. Tod und Auferstehung bringen daher Jesu Botschaft zur Vollendung, erledigen sie damit aber nicht, sondern bestätigen sie.

Die Feier von Tod und Auferstehung bildet das Zentrum christlichen Gottesdienstes und strukturiert die liturgische Zeit. Im Stundengebet prägt sie den Tag, in der Feier des „Herrenmahls" am Sonntag (dem Auferstehungstag) gliedert sie die Woche. Das jährliche Osterfest setzte sich spätestens im 2. Jahrhundert durch. Es bestand ursprünglich nur aus der Osternacht, in der das ganze Erlösungsgeschehen von Leiden, Tod und Auferstehung gefeiert wurde. Ihr ging eine Zeit des Fastens voraus. Ab dem 4. Jahrhundert wurde die Feier entsprechend der biblischen Zeitangaben dramatisiert, indem die Heilereignisse auf drei Tage verteilt wurden: das Abendmahl am Gründonnerstag, Leiden und Tod am Karfreitag, die Auferstehung in der Osternacht.

5 Sich dem Einen unterwerfen: der Islam

5.1 Zeit des Unwissens

Die Arabische Halbinsel besteht zu großen Teilen aus Wüste bzw. vegetationsarmer Steppe. Die vorherrschende Lebensweise war deshalb die der Nomaden (Beduinen), die entweder als Kleintierzüchter jahreszeitlich bedingt zwischen fruchtbarerem Land und Steppe hin und her zogen oder als Kamelzüchter weitere Strecken zurücklegten. Um zu überleben, mussten sie hin und wieder Oasen ansteuern und, wenn nötig, um Wasserstellen streiten. Manchmal wurden sie dort für kürzere Zeit oder endgültig sesshaft. In diesen fruchtbaren Gebieten konnten sie Landwirtschaft betreiben. In der Oase Yatrib- (später Medina) wurde beispielsweise neben Getreide die Dattelpalme angepflanzt. Auf den Märkten der Oasenstädte konnten die Nomaden auch kaufen, was sie für ihr Leben in Zelten benötigten.

Vorherrschende Gesellschaftsform war der Stamm. Er ermöglichte die Absicherung der eigentlich freiheitsliebenden und egoistischen Araber. Stammesloyalität und Gastfreundschaft galten als die wichtigsten Werte. Sie geboten, selbst Mörder aus der eigenen Familie zu schützen, und umgekehrt, Blutschuld an Mitgliedern eines anderen Stammes zu rächen. Es galt nicht als ehrenrührig, andere Stämme auszurauben. Stämme konnten auch zeitweise zusammenarbeiten, standen sich aber grundsätzlich feindlich gegenüber. In Oasen wie Yatrib lebten Mitglieder mehrerer Stämme, die gemeinsame Interessen, immer wieder aber auch Konflikte hatten. Zu ihnen gehörten auch jüdische Gruppen, die als erste Landwirtschaft betrieben hatten. An kriegerische Stämme der Steppe wurde Schutzgeld bezahlt.

Wenige Städte profitierten von den Fernhandelsrouten. So kamen Gewürze und feine Stoffe über den Indischen Ozean und das Rote Meer aus Indien und Südostasien. Weihrauch und Myrrhe, die für den Kult, als Heilkräuter und für Parfums benutzt wurden, kamen aus dem südöstlichen Bereich der Arabischen Halbinsel. Die Stadt Mekka war ein wichtiger Durchgangs- und Umschlagplatz für den Transport nach Syrien und zum Mittelmeer. Diese Funktion und eigene Handelsunternehmungen waren die Grundlage ihres Reichtums. Da alle vom Geschäft profitierten, konnte so auch eine gewisse Sicherheit erreicht werden, auch wenn sich die Schere von Besitz und Einfluss immer mehr öffnete. Städter entwickelten eine eigene Kultur, die sich deutlich von der der nichtsesshaften Beduinen unterschied, auf die man herabblickte. Die Stadt assoziierte man mit Ordnung und Sicherheit, das „Land" bedeutete Verderbnis, Unheil. Auch Mohammed ist als Städter von dieser Vorstellung geprägt worden.

Da die Araber räumlich und gesellschaftlich zersplittert waren, konnte sich keine einheitliche Herrschaft durchsetzen. So lag Arabien (wenn auch an der Peripherie) im Einflussbereich der rivalisierenden Großmächte, einerseits des christlich bestimmten Byzantinischen Reichs, andererseits des Reichs der Sassaniden in Persien. Dieses hatte die altpersische Religion (Zarathustra oder Zoroaster) neu in Geltung gesetzt, aber auch das Judentum war in Persien weit verbreitet. Im Süden spielten die kleineren Reiche im Yemen und in Äthiopien eine Rolle. Im 7. Jahrhundert war aber ein Machtvakuum entstanden, weil sich die Großmächte in kriegerischen Auseinandersetzungen gegenseitig geschwächt hatten.

Auch in religiöser Hinsicht begann eine Übergangszeit. Die Araber verehrten besondere Steine oder andere Naturphänomene, in denen sie die Gestirne und ihre magische Macht widergespiegelt sahen. Hinzu kamen lokale Gottheiten, aber teilweise auch schon die Vorstellung eines obersten Gottes. An den ihnen geweihten Kulten hielten die Menschen aus Treue zu ihrer Familientradition fest, ohne damit sehr viel zu verbinden. Die Lebensgestaltung diente dem eigenen Vorteil, der Sicherung des Lebens bzw. der Anhäufung von Reichtum, nicht aber religiösen Wertvorstellungen. Der Kult des heiligen Steins von Mekka, der Kaaba, war überdies Zentrum alljährlicher Wallfahrt und spülte Geld in die Kassen.

Die religiöse Ignoranz betraf aber nicht alle Menschen. Schon vor Mohammed gab es einzelne Gottessucher (Hanife), denen die „primitive" Religion der Araber nicht genügte und die nach neuen Wegen suchten, Gott zu erkennen und seinen Willen zu vollziehen. Dabei spielte der Kontakt mit Juden und Christen, die nur einen Gott verehrten und Geschichten erzählten, in denen sich Gott den Menschen zeigte, eine wichtige Rolle. Freilich betrafen diese Kontakte, wie später auch bei Mohammed, keine Gesprächspartner, die sich in den biblischen Schriften wirklich auskannten. Zudem trafen die Araber keine Christen der offiziellen orthodoxen Kirche, sondern von ihr abgespaltener Kirchen oder sektiererischer Gruppen, die ihre eigene Theologie vertraten.

5.2 Gott der Erhalter allen Lebens

Mohammed wurde ca. 570 in Mekka geboren. Er verlor früh Vater und Mutter, doch sorgte sich sein Großvater, später sein Onkel um ihn. Diese Sippensolidarität innerhalb einer angesehenen Familie des Mekka dominierenden Stammes der Quraisch ermöglichte ihm Sicherheit Er konnte aber zunächst kein Vermögen ansammeln, da Minderjährige nicht erbten. Von einer Beduinenfrau wurde er gründlich in Traditionen und Sprache Arabiens eingeführt, eine Erziehung, die damals üblich war und in der nomadischen Herkunft der Quraisch wurzelte. Danach lernte er von seinem Onkel den Beruf des Kaufmanns. Als Erwachsener arbeitete er für die verwitwete Geschäftsfrau Chadidscha, für die er auch Geschäftsreisen nach Syrien unternahm. Mit seiner Arbeit war sie so zufrieden, dass sie ihn schließlich heiratete. Dadurch verbesserte sich seine finanzielle Situation.

Wie andere Hanife befriedigte Ihn die religiöse Situation in Mekka nicht, zumal er dort und auf seinen Reisen Christen und Juden kennengelernt hatte. Regelmäßig zog er sich in eine Höhle in der Umgebung von Mekka zurück, um zu beten und über Fragen der Religion nachzudenken. Visionen, in denen er erst meinte, Gott (Allah) zu begegnen, überzeugten ihn im Alter von 40 Jahren davon, dass er als Gesandter ausgewählt sei, den Arabern den einen Gott (also den Monotheismus) zu predigen. Später war er der Überzeugung, dass er nicht Gott, sondern den Engel Gabriel gesehen habe, da es Menschen nicht möglich sei, Gott unmittelbar zu erfahren. Das Visionserlebnis löste bei ihm eine starke Erschütterung aus. Er brauchte längere Zeit, um das Erlebte zu verarbeiten und sich mit seiner Rolle zu versöhnen. Ca. drei Jahre lang beschränkte er seine Botschaft auf einen kleinen Kreis von Familie und Freunden, bevor er es wagte, an die Öffentlichkeit zu gehen.

Mohammeds frühe Verkündigung lässt sich nur schwer rekonstruieren. Berichte über seine Visionen sind sehr ungenau und untereinander widersprüchlich, zumal auch die Bedeutung einzelner Wörter nicht immer eindeutig ist. Auch die chronologische Reihenfolge der Koransuren dieser ersten Zeit ist umstritten. Die Offenbarungen selber äußerten sich nur in geringem Maße in Visionen. Häufiger waren es akustische Phänomene oder innere „Eingebungen", die ihn z.B. von der Lösung eines Problems überzeugten (vgl. Sure 42,51). Dabei war der Prophet mehr als ein bloßer Datenträger, denn sein Inneres war von der Botschaft zutiefst betroffen (vgl. Sure 2,97; 26,192-194). In gewisser Weise kann man also auch in der Offenbarung des Koran von einer „Zusammenarbeit" von Gott und Prophet reden, denn nur, was Mohammed innerlich verarbeitet hat und überzeugend vertreten konnte, fand auch seinen Weg in das Herz der Zuhörer. Mouhanad Khorchide spricht von einem „kommunikativen Geschehen der Selbstmitteilung Gottes" und verweist z.B. auf Sure 1, die nicht Gottes Worte, sondern Worte der Menschen zu Gott enthält, die ihnen aber wiederum von Gott in rechter Weise eingegeben worden seien. Der menschliche Anteil an der Offenbarung (vgl. 5.3) wird vielen Muslimen aber nicht bewusst, auch aus der Angst heraus, die Botschaft würde an Wahrheit verlieren, wenn nicht jedes Wort von Gott selber stamme. Dieser Angst entstammt auch die Auffassung, Mohammed habe weder lesen noch schreiben können, was aus einzelnen missverständlichen Koranstellen geschlossen wurde. Dem entspricht die tradierte Geschichte, dass der Prophet vom Engel gleichsam gezwungen worden sei zu lesen, obwohl er es nicht gekonnt habe. Das Wort „iqrq" bedeutet im Arabischen aber nicht nur lesen, sondern auch rezitieren. Dann würde es nur heißen, dass Mohammed noch nicht rezitieren konnte, worin er selber noch nicht unterrichtet worden war. Die „Gewalttätigkeit" im Verhalten des Engels verdeutlicht zugleich die Dringlichkeit des prophetischen Auftrags.

Zentraler Inhalt von Mohammeds Verkündigung sind Macht und Barmherzigkeit Gottes. Gerade zu Beginn seiner Tätigkeit predigte er keine Droh-, sondern eine Frohbotschaft. In immer neuen Bildern der Natur verdeutlicht der Prophet die Harmonie der Schöpfung. Sie könne nur von einem Gott ins Leben gerufen sein, der das Leben liebt. Der Islam vertritt eine optimistische Lebenseinstellung: Nicht das Leiden prägt die Existenz, sondern die Freude an Schönheit und Harmonie. Gottes Schöpferkraft beschränkt sich aber nicht nur darauf, dass er diese Welt sinnvoll ins Leben gerufen hat, sondern sie erweise sich immer von Neuem. Gott erhalte auch seine Schöpfung. Jeder Mensch werde von ihm ins Dasein gerufen, und er könne auch jederzeit die Geschehnisse auf Erden beeinflussen. Nicht der Mensch sei in der Lage, Wunder zu vollbringen, auch nicht der Prophet, sondern Gott allein vollbringe Wunder.

Scharf setzt sich Mohammed mit der latenten Lebensphilosophie der reich gewordenen Mekkaner auseinander, die vermeinen, der Tüchtige könne alles erreichen und benötige keine göttliche Hilfe. Ihnen hält der Prophet Gottes Macht entgegen: Er vermöge alles, wir Menschen aber seien ohne ihn nichts und lebten nur aus seiner barmherzigen Liebe. Die Haltung der Dankbarkeit, der Annahme all dieser göttlichen Gaben, drückt sich in den Gesten des täglichen Gebetes aus, deren Grundidee Mohammed wohl von christlichen Mönchen übernommen hat, die er aber nun mit einer eigenen Abfolge und eigenen Texten versah. Sich niederzuwerfen erscheint als die adäquate Haltung dem allmächtigen Gott gegenüber. Die Haltungen des täglichen Gebets werden so zum körperlichen Ausdruck islamischer Theologie. Damit hatten viele Mekkaner ihre Schwierigkeiten. Selbst vom Islam Überzeugte versuchten in der ersten Zeit (vergeblich), sich vom Verbeugen und Niederwerfen dispensieren zu lassen, weil das ihrem Ehrgefühl widersprach.

Weil Gott der einzig Mächtige ist, könne es auch nur einen Gott geben. Mehrere Götter würden sich ihre Macht streitig machen. Auch eine Götterfamilie (Vater,

Mutter und Sohn) sei nicht möglich. Mohammeds Polemik richtete sich zunächst gegen die polytheistischen
und häufig synkretistischen (verschiedene religiöse
Überzeugungen kombinierend) Glaubensvorstellungen
der Mekkaner, später immer deutlicher gegen die christliche Lehre von der Trinität. Dabei gab es offensichtlich
christliche Sekten, die tatsächlich Jesu Mutter Maria als
eigene Göttergestalt bzw. Teil der Gottheit verehrten.
Dass der Prophet den Monotheismus in der Trinitätslehre nicht wiederfinden konnte, war (und ist bis heute)
auch Schuld vieler Christen, die das Dogma von einem
Gott in drei Personen auch nicht richtig verstehen.

Mohammeds Lehre von nur einem Gott sprengte die in
Mekka herrschenden Überzeugungen und schien den
jährlichen Pilgerbetrieb zum Heiligtum der Kaaba, der
viel Geld in die Kassen spülte, zu gefährden. Je erbitterter aber der Widerstand der mächtigen Kaufleute in
Mekka wurde, um so erbitterter wurden Mohammeds
Gerichtsandrohungen. Neben den barmherzigen trat nun
immer stärker der strafende Gott. Gerade weil der
Mensch sein Leben von Gott geschenkt bekommen
habe, müsse er auch Verantwortung für dieses Leben
übernehmen. Es gehe nicht darum, auf Kosten der
Mitmenschen nur zu genießen, in der sicheren

Erwartung, dass nach dem Tode sowieso nichts mehr komme. Vielmehr sei das irdische Leben nur ein Vorspiel, eine Prüfung für die endgültige Seligkeit oder Verderbnis. Für seine Taten werde der Mensch gerichtet, er erhalte Lohn oder Strafe. Dabei enthalten die frühen Predigten Mohammeds noch keine ausformulierte Ethik des Alltags. Es geht zunächst einmal, passend zu der Situation in Mekka, um den Umgang mit dem eigenen Geld. Gegen den Egoismus der Reichen, die denken, sie hätten sich ihren Vorzug verdient und die Armen seien selber schuld, betont der Prophet die Verantwortung, für diejenigen zu sorgen, die darauf angewiesen sind. Die Bereitschaft, vom eigenen Geld einen angemessenen Betrag abzugeben (Almosen), erklärt Mohammed (neben der Verehrung des einen Gottes) zum Kriterium, Gottes Gericht zu bestehen.

Im Laufe der Jahre wurde der gesellschaftliche Druck auf Mohammed und seine Anhänger immer größer. Vor allem bei der Generation der 30-jährigen hatte er Anhänger gefunden, häufig bei jüngeren Söhnen vornehmer Familien, also der gesellschaftlichen Mittelschicht. Aber auch Sklaven und andere Außenstehende, die nicht dem Stamm der Quraisch angehörten, schlossen sich der neuen Lehre an. Sie wurden körperlich angegriffen und teilweise ermordet,

die Vornehmeren versuchte man, wirtschaftlich kalt-
zustellen. Nach dem Tode seines Onkels, der ihn immer
geschützt hatte, begannen auch Aktionen gegen den
Propheten selbst. Nach Versuchen kleinerer Gruppen, in
Äthiopien Fuß zu fassen, nahm Mohammed im Jahre
622 das Angebot an, mit seinen Anhängern nach Yatrib
zu ziehen und dort den gesellschaftlichen Streit zu
schlichten.

In Yatrib (Medina) traf der Prophet erstmals auf eine
größere Gruppe von Juden, auch auf jüdische Rabbiner.
Er hatte zuvor immer nur von einzelnen Juden bzw.
Christen über biblische Gestalten und Erzählungen
gehört. Sie baute er in zunehmendem Maße in seine
Argumentation ein. Dabei bewegte ihn die Vorstellung
einer Einheit monotheistischer Religion. Gott habe im
Laufe der Weltgeschichte immer wieder Propheten
gesandt und ihnen im Kern dieselbe Botschaft über-
mittelt. Entsprechend sah er sich in der Kontinuität
prophetischer Verkündigung. Er wünschte sich, dass
Juden und Christen die Gleichheit der Lehre des Islam
akzeptierten und entsprechend diesem „arabischen
Monotheismus" beiträten. Dieses Ansinnen wurde von
beiden Religionsgemeinschaften abgelehnt, wobei sie
aus ihren Schriften zeigten, dass Mohammed nur sehr

unvollständig und teilweise falsch die Bibel rezipiert hatte. In der Tat hatte er sein eigenes Geschick auf die biblischen Gestalten übertragen, dass also z.B. alle Propheten von ihren Mitmenschen verlacht und verfolgt werden seien, Gott sie aber dann gerettet habe. Er beschränkte sich daher auf Geschichten, die diese Parallele zeigen konnten. Jesus sah er als Propheten wie ihn, nicht aber als „Sohn Gottes". Er übernahm für ihn Begriffe wie „Messias", „Wort Gottes" oder „Geist Gottes", ohne dass damit die Bedeutungen christlicher Theologie verbunden waren.

Die Weigerung von Juden und Christen, seinen prophetischen Anspruch anzuerkennen, verbitterte Mohammed sehr, der daraufhin die Gebetsrichtung änderte: nicht mehr nach Jerusalem, sondern zum Heiligtum der Kaaba nach Mekka. Im Hinblick auf die jüdischen Stämme in Medina kam es zur Katastrophe, weil der Prophet in den kriegerischen Auseinandersetzungen mit Mekka eine einheitliche Kampffront benötigte. Zwei Stämme wurden aus der Stadt vertrieben, ein weiterer Stamm vernichtet. Die Suren, die sich mit Juden und Christen beschäftigten, wurden immer aggressiver, wobei Mohammed z.B. christliche Vorurteile gegenüber den Juden (und umgekehrt) übernahm und als Argumente einsetzte.

Später akzeptierte Mohammed die Verschiedenheit der Religionen als gottgewollt. Erst am jüngsten Tag richte Allah über die jeweiligen Lehren. Die „Buchreligionen" wurden seitdem tolerant behandelt, ihre Anhänger aber zu einer zusätzlichen Abgabe verpflichtet.

5.3 Auf dem Wege zur Umma

Mohammed war, anders als Jesus, nicht nur Religionsgründer, sondern zugleich Staatsmann, genauer der Leiter eines sich entwickelnden Gemeinwesens. Hier spielen die unterschiedlichen Interessen und Fähigkeiten der beiden Gestalten ebenso wie die Möglichkeiten und Erfordernisse der historischen Situation eine entscheidende Rolle. Auch Jesus hätte seinen Auftrag politisch-militärisch verstehen können. Seine Botschaft wäre vom Wind der Geschichte weggeweht worden und heute längst vergessen. Mohammed wiederum, der den einen Gott und die Verantwortung des Menschen predigen wollte, besaß keinen Masterplan, die Grundlagen für ein Weltreich zu legen, er reagierte vielmehr auf die jeweils aktuellen Erfordernisse. In seine politische Rolle wuchs er gleichsam hinein.

Die damaligen Araber wurden gehalten und geschützt durch die Loyalitätsverpflichtung ihrer Stämme. Außenstehende und Sklaven besaßen diesen Schutz nicht. Da die Autoritäten in Mekka Mohammeds Verhalten als stammesschädigend empfanden, verloren er und seine Anhänger Zug um Zug die Unterstützung der Quraisch. In der harten Welt der arabischen Halbinsel war aber ein Überleben ohne einen solchen familiären Rückhalt nur schwer möglich. Für die noch sehr kleine Gruppe der Gläubigen wurde es daher zur Überlebensfrage, eine neue „Familie" zu finden. Die Anfrage wichtiger Einwohner von Yatrib führte zur Lösung dieses Problems.

Im Gegensatz zu Mekka, das relativ einheitlich vom Stamm der Quraisch bestimmt war, war die Einwohnerschaft von Yatrib aus unterschiedlichen Stämmen zusammengesetzt. Zwischen ihnen gab es immer wieder Konflikte. Auf Grund ihrer Nähe zu jüdischen Mitbürgern waren die Menschen den Vorstellungen des Monotheismus gegenüber positiv eingestellt. Entsprechend gab es schon vor der Ankunft Mohammeds in Yatrib Anhänger des Islam. Man sah den außenstehenden Mohammed, der diese Lehre vertrat, als geeignet an, die Konflikte zu lösen und das Gemeinwesen zusammenzuführen. Zugleich bot man den Migranten aus Mekka

Heimat, Schutz und neue Zugehörigkeiten an. Es bildeten sich neue Stammesloyalitäten, auch wenn der Umgang mit den zugereisten „Habenichtsen" nicht jedem leicht fiel.

In Yatrib, das später Medina (Stadt des Propheten) genannt wurde, traten bald viele Einwohner dem Islam bei. Es bildete sich ein erstes islamisches Gemeinwesen, das zugleich den Fortbestand der Botschaft Mohammeds sichern konnte. Die „Hidschra" (Auswanderung) von Mekka nach Medina im Jahre 622 gilt daher als Ausgangsjahr der islamischen Zeitrechnung. Das Gemeinwesen von Medina wird zur Keimzelle der „Umma", der Gemeinschaft der Gläubigen.

Die besitzlosen Migranten in Medina unternahmen mehrere Überfälle auf mekkanische Karawanen, um ihren finanziellen Anteil am Gemeinwesen leisten zu können. Das war damals eine weitgehend übliche Methode, um sich Geld zu beschaffen. Nach mehreren erfolglosen Versuchen führte die mekkanische Reaktion auf einen gelungenen Überfall zur Schlacht bei Badr (624), die die Anhänger des Propheten überraschend gewannen. Es folgten in den folgenden Jahren zahlreiche kleinere und größere Scharmützel gegen Mekka sowie gegen einzelne Beduinenstämme. Der mekkanischen Armee gelang es nicht, Medina einzunehmen. Im Laufe der Kämpfe wurde Medina immer stärker und Mohammeds Autorität festigte sich. Das Zugeständnis der Stadt Mekka, Mohammed und seinen Anhängern eine Wallfahrt zu den heiligen Stätten zu ermöglichen (629), verdeutlichte die nunmehr verschobenen Kräfteverhältnisse und brach endgültig den Bann. 630 konnte Mohammed die Macht in Mekka übernehmen, ohne weiteren Widerstand befürchten zu müssen. Immer mehr Araber schlossen sich dem Islam an. Als Mohammed 632 starb, war ein großer Teil der Halbinsel muslimisch geworden. Die Zugehörigkeit zur Religion des einen Gottes trat mehr und mehr an die Stelle der Stammesloyalitäten. Die muslimischen Araber verstanden sich als Einheit und konnten ihre militärische Stärke nun nach außen tragen.

Dass der Islam sich (auch) kriegerisch ausbreitete, entsprach den Gepflogenheiten der Zeit und unterschied sich nicht vom Verhalten anderer Mächte. Allerdings unterwarfen sich zahlreiche Städte der Herrschaft der Araber, weil sie die Politik der Byzantiner oder der Perser als zu bedrückend empfanden. Mohammeds Nachfolger aber ließen den eroberten Gegenden ihre Freiheiten, auch der Religionsausübung, wenn sie bereit waren, eine Abgabe zu entrichten. Ziel war nicht die Vernichtung, sondern die friedliche Vereinigung.

Auch Mohammed suchte nicht den Krieg, nutzte ihn aber als Möglichkeit, seine prophetische Botschaft zu verteidigen und zu verbreiten. „Dschihad", die Anstrengung zur Verteidigung des Glaubens gegen das Böse, konnte auch militärisch sein. In erster Linie bedeutete er aber das konsequente Ankämpfen gegen das Böse im eigenen Innern.

Auch Mohammeds Bestimmungen zur sozialen Ordnung der Umma (z.B. zur Erbschaftsfrage) waren situationsbedingt und im Kontext der historischen Situation zu verstehen. Es gab kein ausformuliertes Konzept einer Sozialordnung. Die wenigen, auch meistens zeitbedingten, Aussagen des Koran wurden ergänzt durch Hadithe, Aussprüche des Propheten, die aber häufig in ihrer Echtheit umstritten sind und teilweise erst lange nach Mohammeds Tod verfasst wurden. Um zu einer „muslimischen Ethik", der Sunna, zu gelangen wurden Koranverse und Hadithe durch Konsensentscheidungen der Religionsgelehrten und die Anwendung von Analogieschlüssen ergänzt. Da unterschiedlich mit diesen Hilfsmitteln umgegangen wurde, bildeten sich vier Rechtsschulen. Innerhalb dieser Traditionen haben sich die Bestimmungen häufig verfestigt, sodass die historische Bedingtheit mancher Entscheidung nicht mehr deutlich wird.

Der islamische Theologe Mouhanad Khorchide beharrt darauf, dass man heutigen ethischen Überlegungen nicht den Wortlaut, sondern die Intention von Koranaussagen und Hadithen zugrunde legen soll. So war Mohammed bemüht, in einer rein patriarchalen Gesellschaft die Rolle der Frau zu stärken, weil Männer und Frauen in den Augen Gottes gleichberechtigt sind. Wendet man aber damalige Regelungen auf die heutige Zeit an, sei das eher ein Rückschritt, eine Orientierung an ihrer Intention würde aber Frauen eine volle Gleichberechtigung zusprechen. Die Scharia dürfe kein festes System sein bzw. bleiben. Gott gehe es um eine innere Vervollkommnung des Menschen in Freiheit. Feste Regeln dienten aber nur dazu, bestimmte Interessen durchzusetzen oder kulturelle Traditionen eines Volkes als religiöses Gesetz zu legitimieren.

5.4 Wort wird Schrift

Auf die Frage, warum er nicht Arabisch lerne, sagte ein türkischer Koranlehrer, das sei nur eine menschliche

Sprache, der Koran aber sei die Sprache Gottes. Diese Anekdote spiegelt die Wertschätzung des heiligen Buches im Islam wider. Im Klang der Wörter, in der Schönheit der Sprache sei Gottes Vollkommenheit erfahrbar, und wer den Text rezitiere, halte mit Gott innige Zwiesprache. „Koran" ist daher nur der Urtext, nicht die Übersetzung, und wer ihn in die Hand nimmt, um darin zu lesen, muss sich zuvor mit einer rituellen Waschung reinigen.

Koran bedeutet „das Vorgetragene". Der Begriff zielt also nicht nur auf die feierliche Rezitation des heiligen Textes, sondern verdeutlicht auch die Ursprungssituation als mündlichen Vortrag des Propheten. 23 Jahre lang verkündete Mohammed, was er von Gott empfangen hatte. Häufig waren das nur kleine Schnipsel, oftmals angeregt durch latente Probleme oder spezielle Frage-stellungen in der Gemeinde. Die Zuhörer, in der dama-ligen Zeit nicht durch vielfältige Medien und Sinnes-eindrücke abgelenkt, konnten sich diese Verkündi-gungen oft wörtlich merken und sie weiter überliefern.
Wie auch in anderen Religionen entstand im Laufe der Zeit, nach dem Tod einiger Zeugen, die Notwendigkeit, die Offenbarungen dauerhaft zu fixieren. Es spricht einiges dafür, dass es schon zu Lebzeiten Mohammeds

kleinere Textsammlungen gegeben hat, die von ihm autorisiert worden sind. Der Koran als Ganzer wurde dann unter dem dritten Kalifen Uthman (644-656) durch Zayd, der selber die umfangreichste Texterinnerung hatte, redigiert. Dieser Text enthielt aber noch keine Vokale und diakritische Zeichen (für die richtige Aussprache), sodass manches mehrdeutig blieb. Erst Anfang des 8. Jahrhunderts wurde eine vollständige Koranausgabe angefertigt, die mögliche Missverständnisse so gering wie möglich hielt. Später gefundene ältere Textelemente zeigen aber, dass es keine nennenswerten Fehler in der Überlieferungskette gab.

Nach muslimischer Überlieferung sind alle heiligen Bücher aus einem bei Gott aufbewahrten Ur-Koran heraus entstanden. Um den göttlichen Ursprung zu verdeutlichen, wurde gelehrt, dass Mohammed weder lesen noch schreiben konnte. Seine Offenbarungen könnten also gar nicht von ihm selbst erdacht sein. Allerdings spiegelt die Offenbarungsgeschichte der 23 Jahre keine Systematik, nicht in der Theologie und erst recht nicht in der Ethik, sondern ist immer wieder auf die Erfordernisse des Augenblicks hin bezogen. Die damaligen Menschen der Gemeinde sind also nicht ausschließlich Objekte der Offenbarung, sondern zumindest durch ihre Fragen auch Subjekte, die die

Botschaft in gewisser Hinsicht auswählen und strukturieren konnten. Es erinnert mich an die Situation eines Interviews. Dort geht es nicht um die Privatmeinung des Fragenden, und dennoch beeinflusst er den Gang des Gespräches in erheblichem Maße. Hinzu kommt im Koran natürlich die Wahl der Sprache. Er ist eben so formuliert, dass er von Arabern verstanden werden konnte.

Mouhanad Khorchide fordert eine Koranexegese, die auf den Spuren der „Schule von Ankara" eine moderne Hermeneutik vertritt. Viele Koranstellen könnten nur verstanden werden, wenn man sie im Lichte ihrer Entstehungssituation betrachte. Aus diesen Überlegungen erwüchsen allgemeine Prinzipien, die man dann modernen Fragestellungen anpassen könne. Letztlich sei der Koran kein Buch eines autokratischen Gottes, der den Menschen seinen Willen aufzwinge. Er sei ein Buch für die Menschen, die durch die Erfahrung Gottes zu einem Leben in Liebe und Barmherzigkeit eingeladen würden, um durch ihr Handeln Gottes Mitarbeiter zu werden.

Der Mystiker Rumi vergleicht den Koran mit einer Frau, die sich um ihren Säugling und um ihren Ehemann kümmert. Beide hätten unterschiedliche Bedürfnisse. So

141

könne der Koran – auch bei oberflächlichem Verständnis – ein Wegweiser durch das Leben sein, aber auch eine tiefe Erkenntnis Gottes vermitteln.

6 Feier und Vollzug des Glaubens

6.1 Ausdruck und Eindruck

Religiöser Glaube bedarf eines symbolischen Vollzugs, denn nur das Symbol, das offenbleibt und dennoch das Ganze darstellt, vermittelt die Erfahrung des ganz Anderen, des Göttlichen. Das Wort verweist auf den antiken Brauch, Ringe oder andere Gegenstände als Legitimitätszeichen zu verwenden. Beim Vertragsabschluss brach man sie durch, später konnten die Partner oder ihre Bevollmächtigten die Fragmente an den Bruchenden wieder zusammenführen. Göttliches und Menschliches – wenn das ineinanderpasst, dann gewinnt das Leben plötzlich einen Sinn. Der Mensch beginnt, sich und seine Erfahrung zu übersteigen und Gotteserfahrung in sein Leben zu integrieren.

Symbole wirken intuitiv. Sie basieren nicht auf Konvention oder gesetzlicher Festlegung. Im Gegensatz zu einem einfachen Zeichen stehen sie nicht für eine

Bedeutung (wie z.B. eine rote Ampel für das Verbot, sich vorwärts zu bewegen), sondern sie vermitteln unmittelbar, wofür sie stehen. Symbol und Bedeutung bilden ein Ganzes, das erklärt, aber nicht auseinander genommen werden kann. So wird z.B. Liebe im Kuss unmittelbar erfahren, wenn auch einige Kulturen andere Symbole kennen.

Ohne Symbole ist die Wirklichkeit, die sie repräsentieren, häufig gar nicht zu erkennen. Dass jemand fröhlich ist, erkennt man an seinem lächelnden Gesicht. Fröhlichkeit und Gesicht sind nicht dasselbe, denn man kann Lächeln auch vortäuschen. Aber die Fröhlichkeit braucht diesen äußeren Ausdruck.

Christen haben das Heilshandeln Gottes als „Sakrament" bezeichnet und später diesen Begriff auf bestimmte Handlungen eingegrenzt. Sakramente sind also nicht nur Zeichen, die ihre eigene Bedeutung sinnenhaft ausdrücken, sondern zugleich solche, die erfahrbar machen, worum es Jesus in seinem Handeln ging. Sie berühren das Zentrum christlichen Glaubens und bewirken zugleich eine neue Wirklichkeit. Leider wurden sie immer stärker verrechtlicht und damit zum Zankapfel verschiedener Konfessionen gemacht. Auch wenn Juden und Muslime den Begriff Sakrament nicht kennen, gibt es doch auch in ihren Religionen solche

Zeichenhandlungen, die mit den christlichen Sakramenten vergleichbar wären.

Gottesdienstliche Symbolhandlungen sind nicht nur Ausdruck des Glaubens innerhalb der religiösen Gruppe. Sie verändern zugleich den einzelnen Gläubigen. Der Glaube ist nie fester Besitz. Er verändert sich, unterliegt Schwankungen. Im Laufe des Lebens wird er reifer, bleibt aber immer durch alltägliche Erfahrungen gefährdet. Was sich im Symbol ausdrückt, wird zugleich durch das Symbol erst geschaffen. Das ist die pragmatische Funktion der Zeichen. Symbole im gottesdienstlichen Gebrauch sind Handlungen an den einzelnen Gläubigen, wirken aber auch nach außen. Wer sich im sakramentalen Geschehen verändern ließ, der wird sich auch neu seinen Mitmenschen gegenüber verhalten. Das ist, wenn es gelingt, mehr als ein reiner Appell. Vielmehr verleiblicht sich der Kern religiöser Botschaft im Menschen, der sich dafür öffnet. Diese Veränderung bleibt Geschenk und muss doch lebenslang eingeübt werden. In der gottesdienstlichen Symbolhandlung ist es die Gemeinde, die sich – wenn es gelingt – in diesem Bemühen unterstützt.

6.2 Spiele der Erlösung

Das Frühlingsfest Pessach war schon in biblischer Zeit eine Verbindung von Hirtenfest, Bauernfest und Ursprungsfest des Volkes Israel. Nomadisierende Hirten schlachteten in früher Zeit beim halbjährigen Weidewechsel, der immer mit Risiken verbunden war, ein neugeborenes Lamm und bestrichen ihre Zeltpfosten mit seinem Blut, um Todesgeister zu bannen. Bauern buken nach der Getreideernte ihr neues Brot noch ohne Zusatz von altem, das den Teig durchsäuern würde, und aßen eine Woche lang dieses ungesäuerte Brot. Beide Traditionen fanden in der jüdischen Pessach-Feier ihren Niederschlag.

Das Pessachfest beginnt am Abend mit der Seder-Feier, einer Feier in einer festen Ordnung, die hier untersucht werden soll. Mit dem Segen über das ungesäuerte Brot, die Mazze, beginnt das eigentliche Mahl. Für das Lamm steht eher sinnbildlich ein Knochen mit etwas Lamm-Fleisch, der auf dem Seder-Teller liegt. Seit der Tempel in Jerusalem zerstört wurde, essen die Juden zu Pessach kein Lamm mehr, da es rituell im Tempel geschlachtet werden müsste. Dennoch ist das Mahl an diesem Abend sehr reichhaltig mit mehreren Fleischsorten, aber auch Fisch und Gemüse. Nichts soll die

Festfreude stören; sie darf überreich erfahren werden. Auch wer sich selber ein solches Mahl nicht leisten kann, soll eingeladen und bewirtet werden. Die Feier des Pessach geht alle an.

Grund dieser Feier sind nämlich nicht mehr frühgeschichtliche Bräuche, sondern es ist die Erfahrung, von Gott aus der Unfreiheit gerettet und zu einem Volk vereinigt worden zu sein. Durch die Freiheitserfahrung der Vorfahren hindurch feiern Juden die eigene Existenz, und das angesichts der vielfältigen Gefährdungen jüdischen Lebens in der Geschichte. Jeder Mitfeiernde solle sich so fühlen, als sei er selber aus Ägypten herausgeführt worden, und dies solle vor allem auch an die Kinder weitergegeben werden. Vier Becher Wein, die symbolisch für die Gaben Gottes an Israel stehen, trinkt jeder Mitfeiernde im Laufe der Feier. Sie strukturieren den Seder-Abend. Den Armen soll Wein gespendet werden, damit sie die Freude teilen können. Ein fünfter Weinbecher steht unberührt auf dem Tisch. Er „wartet" auf den Propheten Elija, der nach alter Überlieferung den Messias und damit die endzeitliche Vollendung ankündigt. So verbindet das Pessach nicht nur die Vergangenheit mit der Gegenwart, sondern diese auch mit der Zukunft. Mit dem Mahl nehmen jüdische Gläubige die Erlösung schon vorweg und gedenken dennoch der

Unerlöstheit der Gegenwart. Die Tür des Hauses aber wird weit geöffnet; Elija kann jederzeit kommen.

In der Gegenwart kann die Erlösung noch nicht ungeschmälert gefeiert werden. Symbolische Speisen auf dem Sederteller verdeutlichen den engen Zusammenhang von Knechtschaft und Befreiung. Meerrettich, als „bitteres Kraut", lässt einem die Tränen in die Augen treten, wie auch die geknechteten Israeliten geweint haben. Auch Salzwasser steht für die Tränen. Eine unscheinbare Masse auf dem Teller, die nach Lehm aussieht, „Charosset", erinnert an die Lehmziegel, mit denen die Israeliten die Städte des Pharao gebaut haben, also an ihre erzwungene Schufterei. Dabei ist die Mischung aus zerdrückten Nüssen, Apfelstückchen, Datteln, Gewürzen, Rosinen und Wein zwar hässlich anzuschauen, aber süß im Geschmack. Der „Vorgeschmack des Himmels" (Titel eines religiösen Kochbuchs des Rabbiners Lionel Blue und der Autorin June Rose) wird gerade durch die Plackerei der Gegenwart hindurch erfahren. Ein hartgekochtes Ei auf dem Teller steht für Fruchtbarkeit, aber auch für den Widerstand gegen das Zerbrechen. Wie das Ei wird der Mensch durch die Prüfungen, die ihm auferlegt werden, fester und widerstandsfähiger.

Im Mittelpunkt der Familienfeier steht die Erzählung von Rettung und Neubeginn des Volkes, die Pessach-Haggada. Sie wird durch vier Fragen eingeleitet, die das jüngste Kind stellt. Warum sich diese Seder-Feier so sehr von anderen Mahlzeiten unterscheidet, provoziert geradezu zum Fragen, auch wenn das Kind in der Regel die Antwort schon aus dem Vorjahr kennt. Eine breit angelegte Erzählung von den Patriarchen als Vorfahren des Volkes, über die Übersiedlung nach Ägypten, die Versklavung in diesem Lande und die Rettung durch Gott, die Bewahrung in der Wüste und die Landgabe, bis hin zu Gottes Wohltaten in Geschichte und Gegenwart ist in ihrem Kern in einem Buch festgelegt, damit nichts Wichtiges vergessen wird. Eine lebendige Feier wird sich dadurch auszeichnen, dass der Familienvater nicht nur vorliest, sondern möglichst lebendig von seinen eigenen Lebenserfahrungen und denen der Familie erzählt.

So stehen die dunklen Erfahrungen Israels mehr am Anfang, die überschäumende Festfreude der Heilserwartung am Ende des Seder-Mahles. Die Hallel-Psalmen (Ps 113-118; 136), Ausdruck der unbegrenzten Festfreude, werden gesungen, später noch weitere Lieder, vor allem für die Kinder.

Das Sedermahl begeht so feierlich eine Wandlung „aus der Dienstbarkeit zur Unabhängigkeit, aus dem Kummer zur Freude, aus der Trauer zu Festtagen, aus düsterer Finsternis zu hellem Lichte und aus der Knechtschaft zur Freiheit". Es wurde damit auch zum Vorbild der christlichen Osternacht, in der ebenfalls der Weg aus der Dunkelheit zum Licht, aus dem Tode zum Leben gefeiert wird.

Einen Monat vor Pessach wird Purim gefeiert. Dieses Fest basiert auf einem historisch höchst fragwürdigen Rettungsgeschehen im persischen Reich des 5. Jahrhunderts vor Christus. Ester, Gemahlin des persischen Großkönigs, und ihr Onkel Mordechai setzten sich damals gegen den Bösewicht Haman durch, der die Juden des Reiches ausrotten wollte. So jubeln die Beter, vor allem aber die Kinder, wenn bei der Verlesung der Geschichte die Namen Ester und Mordechai fallen, machen aber unsäglichen Krach und schimpfen, wenn Haman erwähnt wird.

Purim wurde zu einem jüdischen „Karneval", an dem sich die Kinder verkleiden, ausgelassen toben und sich beschenken lassen. Dramatisierende Spiele biblischer Ereignisse sind an diesem Tag gestattet, aber auch Karikatur und Verspottung von Tora, Talmud, gesetzlichen Bestimmungen, Lehrern und Gelehrten u.a. Die Ordnung, die das Leben bestimmt, wird an diesem Tag auf den Kopf gestellt. Das hat eine wichtige Ventil-funktion, verweist aber auch darauf, dass jegliche Ordnung nur vorläufig ist und in der Zeit der Vollendung ihre Macht verliert. Alle Feiertage, so sagt man, würden in der Endzeit abgeschafft, Purim aber bleibe bestehen. Am Ende bleibe nur noch eine „unsinnige" Freude.

6.3 Gemeinschaft schafft Gegenwart, Gegenwart schafft Gemeinschaft

Das von Christus gestiftete symbolische Mahl (vgl. 4.4) steht im Zentrum christlichen Gottesdienstes. Es drückt in Wort und Zeichenhandlung aus, worum es Jesus ging und was Christentum bedeutet. Als wöchentlicher Höhepunkt der Liturgie am Tag der Auferstehung Christi, dem Sonntag, gliedert es die Woche. Unterschiedliche Begriffe bezeichnen diese Feier: Eucharistie (Dank-sagung) nach dem zentralen „Tischgebet", Abend-mahl nach seinem Ursprung, Herrenmahl nach dem Stifter und gegenwärtigen Herrn, Brotbrechen nach der gemeinschaftsbildenden Handlung. Weniger geeignet ist der Begriff Messe (Sendung), der mehr die gewünschte Wirkung der Feier in den Blick nimmt. Der Verzehr von Hostien (runden Oblaten), seltener eines Schluckes

Wein, verbindet die Empfangenen mit Christus, der sich ihnen „geschenkt" hat.

Die Eucharistie verknüpft Vergangenheit, Gegenwart und Zukunft im Vollzug der Feier. Es geht nicht nur darum, der Einsetzung des gemeinschaftsstiftenden Mahles in Dankbarkeit zu gedenken, sondern es werden alle Heilstaten Gottes in den Blick genommen, vor allem aber Tod und Auferstehung Christi. Die Feiernden begehen dabei ihren Glauben, dass sie durch Christi Bereitschaft zur Selbsthingabe in die volle Gemeinschaft mit Gott gestellt sind. Sich dessen regelmäßig zu vergewissern und Christus in sich Raum zu geben, wirkt dann als „Tankstelle" für das Alltagsleben während der Woche. Das Mahl bewirkt Wandlung. Da Jesus Brot und Wein mit sich selber identifiziert hat, empfangen Christen mehr als diese Lebensmittel, sie empfangen ihn selber. Da Jesus nichts für sich selbst übriggelassen hat, hat er sich ganz den Menschen geschenkt, bis hin zu seinem Tod. Die Eucharistie animiert daher auch zur Nachfolge (nicht Nachahmung) Christi, d.h. zu der Bereitschaft, sich und seine Möglichkeiten nicht für sich selber zu behalten, sondern offen zu sein für die Bedürfnisse seiner Mitmenschen. Wandlung bezieht sich daher nicht nur auf Brot und Wein, sondern auch auf die versammelte, feiernde Gemeinde. Sie wird gleichsam zur „christusförmigen", einigen Gemeinschaft. Eine solche Wandlung vollzieht sich freilich nicht durch Zauberhand, sondern bleibt ein langer, geduldiger Prozess, dem die eigenen Egoismen immer wieder im Wege stehen. Dass ein solcher Prozess gelingen kann, wird als Werk des Heiligen Geistes angesehen, Gottes Kraft und Weisheit, die in dem Menschen wirkt, wenn er sie lässt. So wird im programmatischen Gebet, dem Eucharistischen Hochgebet, der Geist herbeigerufen, dass er die Gaben und auch die Gemeinde wandelt. Verfehlt ist eine traditionelle Auffassung, die die Wandlung von Brot und Wein auf die Deuteworte „Das ist mein Leib" und „Das ist mein Blut" festlegen möchte, weil dann wirklich der Eindruck einer Zauberformel erweckt wird. Vielmehr ist auch die Erinnerung an Jesu Stiftung im Abendmahlssaal nur Teil eines größeren Gebetes. Verfehlt ist auch die Rede vom „Messopfer", weil Opfer nicht die Gestalt, sondern nur der Inhalt des Mahlgeschehens ist. Christi Bereitschaft, sich am Kreuz ganz hinzugeben und die Menschen in die Einheit mit Gott zu führen, wird im Gottesdienst nicht wiederholt, sondern für die feiernde Gemeinde aktualisiert. Es bleibt das einmalige Opfer, das nicht gesteigert werden kann.

Wenn die Gemeinde also am Sonntag feiert, ist Christus, wie er verheißen hat (Mt 18,20), in ihr gegenwärtig, im

Banknachbarn ebenso wie im Vorsteher der Gemeinde, im Wort der Heiligen Schrift ebenso wie in den Gestalten von Brot und Wein. Zugleich „provoziert" Christ Gegenwart dazu, immer fester zusammenzustehen. So wird die Gemeinde als „Leib Christi" (1 Kor 12,27) zum Abbild endzeitlicher Vollendung.

Die Wandlung der Gemeinde wird verdeutlicht durch zwei Begleitsymbole, die dem eigentlichen Mahl vorangehen: dem Friedensgruß und dem Brotbrechen. Der symbolische Nachvollzug der antiken Sitte, Brot zu brechen, um es zu verteilen, verdeutlicht sinnenhaft den Bezug des Teils zum Ganzen. Der eine Christus hat sich den Vielen gegeben, und damit gehören die Vielen zu einer Einheit zusammen. Im Friedensgruß wird diese Einheit schon zuvor erfahrbar. Frieden ist nur möglich, wenn die Feiernden sich in ihrem Bezug zum anderen und zur Gemeinschaft erkennen. Auch diese Handlung bestätigt den Willen zusammenzugehören, mahnt aber gleichzeitig den Einzelnen, sich nicht abzukapseln. Der Friedensgruß hatte es in Deutschland schwer, sich zu institutionalisieren. Sich zu berühren, empfanden viele als unangemessenen Übergriff. Ein Blick auf die Heilungen Jesu zeigt aber, wie wichtig Berührungen sein können. Wer innerlich berührt werden möchte, benötigt auch den körperlichen Vollzug, sollte mit allen Sinnen feiern.

Symbolhandlungen können sich auch durch ihre Ritualisierung entleeren. Sie müssen immer wieder neu gefüllt werden. Dazu hilft es aber natürlich, wenn die Symbole selbst aussagekräftig sind. Ein ironisch gestimmter Theologe sagte einmal: „Ich bin ja bereit zu glauben, dass das Brot Leib Christi ist. Dass aber diese Oblate Brot sein soll, das geht doch etwas weit." Die einzelne Gemeinde sollte sich gründlich überlegen, wie die Kommunion (einschließlich des Brotbrechens) so gestaltet werden könnte, dass man in ihr wirklich ein gemeinsames Mahl erkennen kann. Dazu würde auch die Kelchkommunion gehören. Zu Zeiten der Pandemie (zu denen ich dieses Buch schreibe) ist das natürlich nicht möglich. Hier tritt die gegenseitige Rücksicht an die Stelle eines evtl. gemeinschaftlichen Vollzugs.

Ein Stiefkind der Liturgie ist die Fußwaschung, die für den Gründonnerstag vorgesehen ist und häufig nicht bzw. in rudimentärer oder stark abgewandelter Form praktiziert wird. Auch hier spielt die deutsche Angst vor Berührung eine wichtige Rolle. Wenn man aber Symbolhandlungen, die die Intention Jesu unmittelbar erfahrbar machen, als Sakramente bezeichnet, dann ist die Fußwaschung ein Sakrament. Johannes, der die

Eucharistie in anderer Form in seinem Evangelium thematisiert (vgl. Joh 6), stellt die Fußwaschung in den Mittelpunkt des letzten Mahles Jesu. Was in der Antike hauptsächlich die Sklaven gemacht haben, seltener auch der Hausherr gegenüber einem höher stehenden Gast, das übernimmt nun Jesus gegenüber seinen Jüngern (Joh 13,4f.). Auch seine Kleidung ist dabei die eines Sklaven. Johannes interpretiert mit dieser Begebenheit Jesu Kreuzestod. Er sei bis zum Äußersten bereit gewesen, sich zu erniedrigen, um die Menschen in die Einheit mit dem Vater zu führen. Deshalb lässt sich Jesus auch nicht auf die Bedenken des Apostels Petrus ein. Gemeinschaft mit Christus hat nur derjenige, der bereit ist, sich auf seinen Tod und die damit verbundene Erlösung einzulassen (Joh 13,8). Nur wer Gottes Liebe, seine Bereitschaft zur Hingabe an die Menschen, erkennt, hat Jesu Gott wirklich erfasst. Zugleich mahnt Jesus seine Jünger, diese Liebe auch untereinander auszuüben (Joh 13,14f.). Christliche Gemeinde kann nur Gemeinschaft der Liebe sein.

Die Praxis der Fußwaschung am Gründonnerstag leidet natürlich darunter, dass es heute nicht mehr notwendig ist, sich als Gast seine Füße säubern zu lassen. Die Handlung ist also unbekannt und daher ungewohnt. Ob das Putzen der Schuhe eine geeignete Alternative ist, wäre zu überlegen. Vielleicht wäre aber gerade die Fremdheit der Handlung ein Anreiz, über Jesu Appell neu nachzudenken. Nachdenken sollte man auch über Modelle, nach denen sich die Gemeindemitglieder gegenseitig Gutes tun könnten. Der liturgische Dienst am Mitmenschen muss natürlich vor dem Hintergrund des diakonischen Handelns der Kirche stehen. In einer geschwisterlichen Kirche kann jeder Diener, jeder aber auch Empfangener sein, je nachdem, in welcher Situation er sich gerade befindet.

6.4 Gemeinsam vor Gott verweilen

Im Gegensatz zum Christentum, in dem die Gemeinschaft betend für das Heil des Einzelnen einsteht und Handlungen anbietet, durch die der Sünder sich mit Gott versöhnen kann, ist der Islam individualistischer strukturiert. Jeder ist mit seinen Taten für sein Heil selber verantwortlich, niemand kann ihm helfen. Umso wichtiger ist es, dass die Gemeinschaft eine Atmosphäre schafft, in der dem Einzelnen das rechte Tun leichter fällt.

So betet der Muslim zwar fünfmal am Tag, das freitägliche Nachmittagsgebet in der Moschee ist aber ein besonderer Höhepunkt. Das liegt nicht nur an Koranrezitation und Predigt, sondern auch am Erlebnis, das Gebet Schulter an Schulter mit den anderen auszuführen. Auch hier vollzieht jeder sein Gebet, das Stehen, Sich-Verbeugen, das Knien und Sich-Niederwerfen, für sich, aber die Erfahrung, dass viele Glaubensbrüder, in Reihen eng an eng, gleichzeitig dieselbe „Choreographie" ausführen, zeigt deutlich, dass der Einzelne nicht allein ist.

Einer solchen Ermunterung bedarf vor allem das Fasten im Monat Ramadan, wenn der Muslim tagsüber auf jegliches Essen, Trinken und anderes Aufnehmen von Stoffen sowie auf jede sexuelle Betätigung verzichten muss. Der Ramadan hilft also dem Muslim, sich auch von der kleinsten Suchtveranlagung zu distanzieren und seine Aufmerksamkeit ganz auf Gott und seine Leitung zu richten. Das Bewusstsein, dass seine Verwandten, Freunde, Berufskollegen usw. vor der gleichen Herausforderung stehen, hilft, sich zu bewähren, auch wenn das Fasten im Sommer besonders schwerfällt. Denn wenn alle das schaffen, dann muss es für den Einzelnen ebenfalls möglich sein.

Umso freudiger wird das Fastenbrechen am Abend sowie am Ende des Monats („Zuckerfest") gemeinsam gefeiert. Die Menschen bleiben bis weit in die Nacht zusammen, erfahren Gemeinschaft neu, versöhnen sich, wo Streit geherrscht hat, geben auch den Armen Anteil an ihrer Festfreude. In Verzicht und Genuss erfährt der Muslim die Solidarität der anderen.

Zentrales „Sakrament" der Umma, der weltweiten islamischen Gemeinschaft, ist aber die Wallfahrt nach Mekka, die jeder Muslim einmal im Leben vollziehen sollte, wenn ihn nicht gesundheitliche, materielle oder familiäre Gründe davon abhalten. Die Handlungen nachzuvollziehen, die Mohammed praktiziert und vorgegeben hat, verbindet mit dem Ursprung der eigenen Religion und verstärkt auch die Bindung an Gott. Vor allem aber vermittelt es die Erfahrung, dass der Islam eine weltweite Religion ist und dass alle Gläubigen, gleichgültig welcher ethnischen oder sozialen Herkunft sie sind, vor Gott gleich sind. Diese Gleichheit wird unmittelbar erfahren, denn jeder Pilger legt seine individuellen Attribute (Kleidung, Schmuck usw.) ab und bekleidet sich nur mit zwei weißen Tüchern (Frauen mit einem weißen Gewand und einer Kopfbedeckung).
Gleichzeitig werden auch die zentralen Handlungen der Großen (d.h. vollständigen) Wallfahrt vollzogen: der Umlauf und die Verehrung der Kaaba, des zentralen muslimischen Heiligtums; der Nachvollzug der Wege

Ismaels und seiner Mutter Hagar auf der Suche nach Wasser; das gemeinsame Stehen und Verweilen am Berg Arafat, um zu beten und Koranverse zu rezitieren; die Absage an alles Teuflische, das symbolisch gesteinigt wird; das Schlachtopfer und gemeinsame Mahl in Erinnerung an Abraham, dessen Sohn verschont wurde. „Da bin ich, Herr" spricht der Muslim am Berg Arafat und übergibt sich Gott mit seiner ganzen Person. Aber auch dabei fühlt er sich getragen von der Gemeinschaft aller Pilger.

Alle diese Handlungen bieten die Gelegenheit, Menschen anderer Nationalität kennenzulernen und zu schätzen und dienen damit möglicherweise dem Frieden. Nach Vollzug der Pilgerhandlungen ist gemeinsames frohes Feiern möglich.

7 Zutrauen auf die Hoffnung

7.1 In der Gegenwart Zukunft finden

„Hoffend verhält sich der Mensch optimistisch zur Zeitlichkeit seiner Existenz." (Definition im Wikipedia-Artikel). Er kann nicht anders, als zukünftige Ereignisse in sein Bewusstsein zu heben, hoffend oder fürchtend.

Denn das Leben vollzieht sich in eine Richtung, ohne Ziele und eine gewisse Planung ist Sinn nicht möglich. Dabei bleibt alles, was uns die Zukunft bringt, ungewiss, ist teilweise unserem Zugriff entzogen. Doch auch der Mensch, der gelernt hat, bewusst in der Gegenwart des Augenblicks zu leben, wird nicht passiv alles auf sich zukommen lassen, er wird versuchen, sein Leben zu gestalten.

Menschliches Verhalten ist oft unbewusst von einem grundlegenden Optimismus geprägt, selbst wenn alltägliche Sorgen diesen Optimismus wieder in Frage stellen. Wer einen Partner liebt und sich ganz auf diese Beziehung einlässt, geht ungefragt von einer Ideal-vorstellung von Liebe aus. Die Wirklichkeit ist nicht so. Beziehungen sind unvollkommen und häufig begrenzt, sie erweisen sich als wagemutige Abenteuer. Und dennoch bleibt da eine Ahnung, dass es eine vollkommene Liebe geben muss. Ein Paar, das ein Kind in die Welt setzt, freut sich in der Regel für sich selber und für das Kind. Aber wie ungewiss ist die Zukunft des kleinen Geschöpfes? Und kann man darauf vertrauen, dass es sich gemäß den eigenen Hoffnungen entwickelt und dass die Beziehung zu ihm eng und vertrauensvoll bleibt?

Die positiven Erfahrungen von Heimat, Liebe, Glück sind in der Regel prägender als die Sorge vor Unheil und Zerstörung. Sie sind die Grundlage eines großen „Versprechens": Am Ende werde sich das Leben als stärker erweisen als der Tod. Dieses Versprechen kann aber nur gehalten werden, wenn da noch eine andere Ebene existierte, die vom irdischen Tod nicht berührt wird. Denn sonst wären wir auf eine naive Wunschvorstellung hereingefallen. Schließlich gehört es zu den Charakteristiken des Lebens, dass es durch den Tod begrenzt wird. Der Mensch, der sich nach einer absoluten Zukunft ausstreckt, rechnet also mit der Existenz Gottes. Genauer gesagt: Gott ist die absolute Zukunft, denn alles andere kann nur begrenzt sein. Die Erwartung, am Ende Gott zu begegnen (oder sich mit ihm zu vereinigen), vermag, dem Streben und Hoffen des Lebens Sinn zu vermitteln. Dass am Ende dann alles gut sein wird, kann freilich nicht bewiesen werden. Der Glaubende sieht es durch das Zeugnis der Heiligen Schrift verbürgt. Vor allem die Harmonie von Gottes Schöpfung und die Auferstehung Jesu Christi werden im NT als Belege angeführt. Nun ist das mit der Schöpfung so eine Sache, auch wenn Juden und Muslime diesem Argument gerne beipflichten werden. Niemand wird mehr ohne Weiteres Leibniz' Argument, Gott habe die beste aller Welten

161

geschaffen, für sich übernehmen, auch wenn diese Welt sicher besser ist als das, was der Mensch aus ihr gemacht hat. Aber auch dafür gibt es ja alternative Theorien, deren Plausibilität nur schwer zu bestreiten ist. Die Auferstehung Christi schließlich als Pfand unserer eigenen Auferstehung muss geglaubt werden. Hier kommt es darauf an, für wie verlässlich man die Zeugen ansieht.

Glaube, Hoffnung und Liebe gelten als christliche Haupttugenden (vgl. 1 Kor 13,13). Glaube und Hoffnung bewirken sich gegenseitig. Aber auch die Liebe ist eng mit der Hoffnung verbunden. Liebe ist schöpferisch, sie sucht stets neue Wege und will noch mehr als das, was sie schon hat. Liebe ist also immer auch auf Zukunft ausgerichtet. Wer liebt, hofft. Ein Christ, der von seiner Hoffnung Zeugnis gibt, tut das durch seine im Alltag gelebte Liebe.

Christliche Hoffnung geht einerseits über menschliche Machbarkeit hinaus. Wer das „Reich Gottes" auf Erden schaffen wollte, hat immer nur durch seine totalitäre Machtausübung Leid und Ungerechtigkeit vergrößert. Die absolute Zukunft kann uns nur Gott selber eröffnen. Andererseits zeigte sich die christliche Hoffnung als reine Illusion (oder auch Manipulation), wenn die Vollendung nicht in die Gegenwart hinein strahlen würde, wenn sich die Gläubigen auf ein geduldiges Warten beschränken und nichts für eine Verbesserung der Welt tun würden. Das Heil, das erwartet wird, muss schon spürbar sein können. Die beste aller Welten können Menschen nicht schaffen, aber sie sollten sich bemühen, die Welt besser zu machen. In diesem Bemühen kann uns Jesus zum Vorbild und zur Kraftquelle werden. Er zeigt uns, dass der vertikale Blick in die Zukunft immer auch der Blick in die Horizontale sein muss, zu den Mitmenschen, die unsere Nähe und Hilfe benötigen. So wird der einzelne Christ zum Zeugen für Gottes Zukunft.

7.2 In Christus erlöst

Der Begriff „Erlösung" bleibt für die meisten Christen merkwürdig unkonkret. Wovon sollen sie erlöst sein, von den Sünden? Aber sie sündigen munter weiter oder wehren sich wenigstens nicht effektiv genug dagegen. Hinzu kommt, dass die Notwendigkeit, erlöst zu werden, heute offensichtlich nicht mehr als so dringend angesehen wird wie in biblischen Zeiten. Wodurch sind wir erlöst, durch Christi Tod am Kreuz? Kein Wunder, dass dieser Glaubenssatz im Laufe der Jahrhunderte zu zahlreichen Spekulationen Anlass gab, die den beleidigten, rachedürstenden Gott nicht sehr positiv erscheinen ließen. Die Schwierigkeiten, sich das Geschehen vorzustellen, gründen aber schon im NT selber, das unterschiedliche Bilder (z.B. Christus als Opferlamm, Loskauf von Sklaven) gebraucht und kein schlüssiges Gesamtbild bietet. Die Begeisterung über die Erlösung ist jedenfalls stärker als ein deutliches Verständnis.

Der Erlösungsglaube der ersten Christen gründete in der Geschichte des Volkes Israel und im AT. Er wurzelt in der Erfahrung, dass das zur Glaubenstreue und Heiligkeit berufene „auserwählte" Volk immer wieder dem eigenen Auftrag untreu geworden ist. Propheten kritisierten und verurteilten, sie wiesen aber auch immer wieder neue Wege. Für das Selbstverständnis Jesu scheinen die Gottesknechtslieder des „zweiten" Jesaja bestimmend gewesen zu sein, vor allem Jes 53. Der Knecht Gottes, der selber kein Unrecht begangen hat, leidet und stirbt für die Sünden des Volkes. Doch dieser Text ist nie im Sinne einer „Stellvertreterautomatik" verstanden worden. Das Leiden des Gottesknechtes ist vielmehr eine Art Sprungbrett, ein Instrument. Springen muss schon jeder selber. Oder in einem anderen Bild: Es ist das Sprungtuch, das aufgespannt ist, um den tiefen

Fall nicht im Zerschmettern der Gebeine enden zu lassen. Für jeden Einzelnen bleibt die Aufgabe, sich in das rettende Tuch fallen zu lassen. Dass eine Mitarbeit des Sünders notwendig, aber auch möglich ist, zeigt das Bild vom „neuen Herz", das Gott Israel schenkt (vgl. 3.3). Die Erfahrung, den Ansprüchen Gottes nicht gewachsen zu sein, wird schließlich auch auf die Heidenwelt übertragen. Israel könnte so zum Vorbild der Umkehr werden, dem sich die Völker anschließen (z.B. Mi 4,1-4).

Jesu Erlösungshandeln auf seinen Tod einzugrenzen, hieße, es zu punktuell und mechanistisch zu verstehen. Sein ganzes Wirken, seine (alltägliche) Existenz zeigt sein Selbstverständnis, derjenige zu sein, der endgültig die Beziehung Gottes mit Israel wieder herstellt. Er predigte Gottes Vergebungsbereitschaft und rief zur Entscheidung auf, sich von diesem Erlösungsstrom mitreißen zu lassen. Vor allem seine Heilungswunder zeigen, dass Heil mehr ist als nur physische Gesundheit, dass es vielmehr den ganzen Menschen zur Gemeinschaft mit Gott befreit. Erlösung bedeutete also für Jesus, alles, was den Menschen von Gott trennt, zu entfernen und sich ganz Gottes Heil zu übergeben.
Die Intention, sich ganz für die Versöhnung der Menschen mit Gott einzusetzen, setzte sich im Tod Jesu

in einer Extremsituation fort. Jesus gab sich, symbolisch im Abendmahlssaal, physisch am Kreuz, ganz weg, in der Überzeugung, damit die Leiter zwischen Gott und Mensch festzuhalten. Dass er dabei aber keiner billigen Illusion verfallen ist, zeigt seine Auferweckung durch Gott, die sein Opferhandeln nachträglich legitimierte. Äußerlich ist Jesu Sendung an den damaligen Machtverhältnissen gescheitert. Tatsächlich aber nahm er seine Anhänger in eine Bewegung mit, die ihnen zeigte, dass man die Welt verändern kann, wenn man ganz auf Gott setzt und sich wie er für die Menschen einsetzt.

Die Frage, wie weit sich die Welt seitdem zum Besseren gewandelt hat und inwieweit gerade nicht, lässt sich unter verschiedenen Gesichtspunkten sicher unterschiedlich beantworten. Tatsächlich hat Jesus kein revolutionäres politisches Programm aufgestellt, sondern vertraute darauf, dass die Wandlung der Einzelnen im Laufe der Zeit auch eine Wandlung der Welt hervorrufen werde. Nur von innen heraus könne die Entfremdung von Gott überwunden werden. Erlösung ist also kein abgeschlossenes Geschehen der Vergangenheit, es ist ein Prozess, den Jesus in Gang gebracht hat. Dass diese Entwicklung, so langwierig sie auch sei, dennoch nicht rückgängig gemacht werden kann und zu einem guten Abschluss gebracht wird, verdeutlicht Jesus in

Gleichnissen, z.B. dem vom Senfkorn (Mt 13,31f.). Entsprechend kritisiert Paulus enthusiastische Christen, die glauben, alles sei schon geschehen (2 Thess 2,2).

Die Bereitschaft, sich als Christ auf den Weg der Erlösung zu begeben, drückt sich im Sakrament der Taufe aus. Die traditionelle Taufformel „im Namen des Vaters und des Sohnes und des Heiligen Geistes" ist dabei missverständlich, weil sie den Eindruck erweckt, es ginge hier nur um einen Auftrag Gottes. Im NT gibt es aber unterschiedliche Tauformeln, z.B. „auf den Namen Jesu Christi" (Apg 2,38) oder „in Christus hinein getauft" (nach Röm 6,1-11). Es geht also darum, christusförmig zu werden und damit auch dessen Weg zum Vater mitzuvollziehen. Röm 6 deutet das Taufgeschehen (als Untertauchen) als den Tod des alten Menschen und das Aufsteigen des neuen. Symbolisch zieht der Getaufte ein neues, weißes Kleid an, er hat Jesus als neue Haut „übergestreift". Vorher hat er allem, was ihn von Gott trennt, abgeschworen. Dass er nicht mehr zum Dunklen gehört, sondern in das Licht Gottes, zeigt eine brennende Kerze. Die Taufe kann zwar (bei Erwachsenen) Ergebnis einer Bekehrung sein, doch stellt sie keinen „Druck auf das Knöpfchen" dar. Dunkelheit und Licht gibt es beim Menschen nie in Reinform, er erscheint vielmehr

167

in einem spezifischen Grauton. Der neue Mensch, der ganz Christus gehört und sich ihm immer mehr angleicht, ist das Ziel eines Prozesses, das nur ansatzweise erreicht wird. Am Ende bleibt, sich im Vertrauen auf Christus ganz auf die Vergebungsbereitschaft Gottes zu verlassen.

7.3 Unvollendete Erlösung

Jesus mit dem Messias, der biblischen Erlösungs- hoffnung, zu identifizieren, ist Juden nicht möglich. Sie sind nicht bereit, die politischen Hoffnungen, die mit dem Kommen des Erlösers verbunden sind, auszuklammern und das Heil zu privatisieren. Gottes Herrschaft müsse in dieser Welt sicht- und greifbar sein. Eine Welt, in der Krieg und Gewalt, Ungerechtigkeit und Zwang herrsch- ten, sei eine unerlöste Welt. Eine Welt, in der Israel nicht unbedrängt im Frieden leben könne, sei eben nicht erlöst. Was Juden erwarten und was die Propheten verheißen, stehe immer noch aus.

Auch Christen können nicht leugnen, dass diese Welt weitgehend unerlöst ist. Angeregt durch die unterschied- lichen eschatologischen Aussagen des NT, die das Heil einerseits in der Gegenwart Jesu verorten, andererseits aber erst in der Zukunft erwarten, haben christliche Theologen den Begriff des „eschatologischen Vorbehalts" entwickelt: Das Reich Gottes sei durch Jesus schon mitten unter uns, es werde aber am Ende der Zeiten vollendet. Jesus habe einen Prozess angestoßen; er werde ihn vollenden, wenn er wiederkommt. Der Zustand des „schon jetzt" und des „noch nicht" sei daher die Atmosphäre, in der sich das Leben des einzelnen Christen vollzieht. In dieser theologischen Aussage sehen Juden einen Trick. Was offensichtlich nicht da sei, solle damit herbeigeredet werden. Ein Messias, der wiederkommen soll, um zu vollenden, was er offensichtlich beim ersten Mal versäumt hat, sei eben nicht der Messias.

Der entscheidende Verständnisunterschied zwischen den beiden Religionen liegt darin, dass die jüdischen Hoffnungen immer auf einen (messianischen) Staat Israel bezogen waren. Gleichgültig, ob man sich rückwärtsgewandt diesen Staat als Wiedereinführung des Reiches Davids oder eher utopisch als ein neues Gebilde mit einer gerechten Ordnung, in der niemand mehr leiden muss, vorstellt, gehört diese politische Erwartung zum jüdischen Hoffnungsbild. Umgekehrt gibt es aber keine Vorstellung „eines christlichen Staates", sondern es existieren viele Staaten, in denen Christen

169

leben. Weder Land noch Volk sind Teil des christlichen Glaubensbekenntnisses. Die Erlösung des Christen wurde daher spiritualisiert, auf die Seele des Einzelnen bezogen. Die unheilen Strukturen dieser Welt wurden dabei häufig übersehen. Die Hoffnung auf ein Heil nach dem Tode drohte zur reinen Vertröstung zu werden. Die Zukunft wurde so zum Alibi, in der Gegenwart nichts ändern zu müssen.

Der Synodenbeschluss „Unsere Hoffnung" aus dem Jahre 1975 ist einer der Texte, die eine neue, „politischere" Richtung einschlugen. Christliche Hoffnung wird in diesem Text als ein Widerstands- und Protestpotential gesehen. Einer Lebenswirklichkeit, die an ungehemmtem Konsum, an Machtmissbrauch, an sozialer Ungerechtigkeit festhält, werden die biblischen Hoffnungsbilder entgegengehalten, ebenso aber auch allen Versuchen, einen „gerechten" Staat mit Gewalt und unter Führung einer Elite durchzusetzen. Eine Ordnung, die allen Menschen gerecht wird, kann nur durch Gottes Initiative entstehen. Bis dahin bleibt aber die Notwendigkeit, auf eine Verbesserung politischer und sozialer Strukturen hinzuarbeiten, um Christi Liebesgebot immer mehr Wirklichkeit werden zu lassen.

7.4 Vielfalt statt Einheit

„Wenn Gott gewollt hätte, hätte Er euch zu einer einzigen Gemeinschaft gemacht. Doch will Er euch prüfen in dem, was Er euch hat zukommen lassen. So eilt zu den guten Dingen um die Wette. Zu Gott werdet ihr allesamt zurückkehren, damit Er euch kundtut, worüber ihr uneins waret." (Sure 5,48) Dieser Vers thematisiert das Ärgernis, dass der eine Gott in unterschiedlicher Weise geglaubt und auf unterschiedlichen Wegen verehrt wird. Mohammed reagierte enttäuscht auf die Weigerung von Juden und Christen, sich seiner Botschaft anzuschließen, obwohl er gar keine nennenswerten Unterschiede zu erkennen glaubte (vgl. 5.2).

Gläubige Menschen wünschen sich die Einheit: die Einheit der Religionen, vor allem aber der Konfessionen und kirchlichen Gemeinschaften. Vielfalt verwirrt, die Existenz des Anderen verunsichert, und das umso mehr, je verwandter die andere Gruppe der eigenen ist. Wenn es nur einen Gott gibt, dann kann es doch nur eine Wahrheit über ihn geben. Wenn sich dieser Gott den Menschen offenbart, kann es auch nur eine einzige Wahrheit von ihm geben. Wenn Wahrheiten differieren, entsteht ein Konkurrenzverhältnis, das leicht auch in Gewalt mündet.

Andererseits sind es Menschen unterschiedlicher zeitlicher Epochen und unterschiedlicher Kulturen, die sich in Sprache, Kultur, Alltag, sozialer und politischer Situation unterscheiden. In diese Situation hinein trifft Gottes Ruf, und er trifft so, dass sie es verstehen und annehmen können. Offensichtlich führen unterschiedliche Wege zu der einen Wahrheit, und natürlich darf man diskutieren, welcher Weg der direktere ist. Da Gott nicht mit menschlichen Vorstellungen zu messen oder in menschlicher Sprache zu fassen ist, bleiben alle Aussagen über ihn sowieso relativ und vorläufig.

Die Geschichte religiöser Verehrung erwies sich über die Jahrhunderte hinweg stets als Geschichte der Trennungen. Die erste „Kirchenspaltung" war die Trennung der christlichen Bewegung vom Judentum. Jesus war Jude und richtete sein Wirken fast ausschließlich auf Menschen seines Volkes. Auch Paulus, der die Botschaft für Heiden öffnete, blieb in den Synagogen beheimatet. Erst die Spätschriften des NT und die Zeit danach zeichnen eine zunehmende Trennung. Das nach 70 n. Chr. ausschließlich rabbinische Judentum gliederte Christen aus den Synagogen aus. Zugleich entwickelte sich christliche Theologie immer griechischer, sodass sich manche Judenchristen bald nicht mehr heimisch fühlten. Die Schere ging immer weiter auseinander bis hin zu Judenverfolgungen, nachdem sich das Christentum als Staatsreligion etabliert hatte.

Theologische Klärungen strittiger Glaubensfragen führten in den ersten Jahrhunderten einerseits zu einem immer umfassenderen Verständnis christlichen Glaubens, andererseits aber zur Abtrennung von Teilkirchen, die diese Glaubensartikel anders verstanden. Je deutlicher eine Lehre schriftlich formuliert wird, umso mehr Sicherheit entsteht, umso mehr Menschen bleiben aber auf dem Weg zurück.

Die Trennung der (katholischen) West- und der (orthodoxen) Ostkirche vollzog sich als meist schleichender Vorgang über ein Jahrtausend. Das lateinische Rom und das griechische Konstantinopel unterschieden sich kulturell und entwickelten daher bald unterschiedliche Theologien und Liturgien. Zur endgültigen Trennung kam es aber vor allem durch den Streit, welchem Kirchenzentrum der Primat zustehe. 1054 exkommunizierten sich Papst und Patriarch gegenseitig.

Die Reformation reagierte ab 1517 auf Missstände in der Katholischen Kirche (in Glaubensvorstellungen, vor allem aber in der Praxis). Sie führte zu Glaubenskriegen, die bis 1648 dauerten und die Trennung der Kirchen besiegelten. Wie stark Gewohnheiten und das unterschiedliche Selbstverständnis die Menschen beeinflusst, zeigt sich heute daran, dass es kaum noch wesentliche Unterschiede in katholischer und evangelischer Theologie gibt, eine neue Einheit aber nicht in Sicht ist. Bei aller Offenheit vieler Christen gibt es immer noch manche in beiden Konfessionen, die sich ausdrücklich vom anderen unterscheiden wollen. Zudem erschweren die Kirchenstrukturen eine denkbare Einigung.

Der frühe Islam war von Auseinandersetzungen um die Führungsposition geprägt. Mohammed hatte (nach sunnitischer Auffassung) keine Nachfolgeregelung getroffen, denn die „Führung" im Islam sollte der Koran, Gottes Wort, übernehmen. So kam es zum Konflikt zwischen denen, die einen „Nachfolger" (Kalifen) wählen wollten, und denen, die die verwandtschaftlichen Beziehungen mit dem Propheten in den Mittelpunkt stellten. Die Zeit der ersten Kalifen war – trotz außenpolitischer und militärischer Erfolge – von diesen inneren Konflikten geprägt. Im Hintergrund stand dabei auch die Kritik daran, dass die alten mekkanischen Eliten, die Mohammed bekämpft hatten, wieder an Macht und Einfluss gewannen. Nachdem der vierte Kalif Ali ermordet worden war und sein Sohn Hussein 680 in der Schlacht bei Kerbela gefallen war, bildete sich die

Gruppe der Schiiten, der Anhänger Alis, mit einer eigenen Nachfolgeregelung. Im Laufe der nächsten Jahrhunderte gliederten sich die Schiiten immer weiter auf. Zahlenmäßig sind sie in der Minderheit, erwarten aber am Ende der Zeiten den Mahdi, eine Erlösergestalt, der sie als legitimer Nachfolger des Propheten wieder in ihre Rechte einsetzt.

In seinem Drama „Nathan der Weise" aus dem Jahre 1779 reflektiert Gotthold Ephraim Lessing die Verwandtschaft der drei monotheistischen Religionen. Im Zentrum der Handlung steht die "Ringparabel". Ein Vater müsste dem Sohn, dem er am meisten zugeneigt ist, einen kostbaren Ring als Zeichen des Familienerbes geben. Da er sich aber nicht entscheiden kann, verschenkt er seinen Söhnen drei identische Ringe. Dies führt nach dem Tode des Vaters zur Auseinandersetzung der Söhne. Da sich jeder erbittert im Recht fühlt, vermag er sich nur sich selber zuzuneigen, sodass sein Ring nicht nach außen wirkt. In gewisser Weise ist also keiner der drei Ringe der echte.

Ein Richter, der über die Echtheit entscheiden soll, verweist auf ein Urteil am Ende der Zeiten. Dieser endgültige Richter (also Gott) werde über die Wahrheit der drei Religionen urteilen. Bis dahin solle jede Religion sich darum bemühen, „um die Wette" ihrem Auftrag gerecht zu werden. Wettkampf besteht also nicht darin, immer besser argumentieren zu lernen, sondern sich in der Praxis tätiger Liebe zu erweisen. Erst dann, wenn der Ring (also die Liebe) nach außen wirkt, ohne Blick darauf, den eigenen Anspruch ständig zu bestätigen, werde der „Träger" gerechtfertigt sein. Die Zeit, in der sich die Religionen gegenseitig anspornen, sich immer besser für Freiheit und Glück der Menschen einzusetzen, muss wohl noch kommen.

7.5 Unter dem Blick des anderen

Ein Mensch schaut – so ein Beispiel des Philosophen Jean-Paul Sartre – durch ein Schlüsselloch in ein dahinter liegendes Zimmer. Er, das Subjekt, beobachtet das, was er sieht (das Objekt) und nimmt es in seine Welt, seinen Erfahrungsschatz, auf. Plötzlich kommt ein anderer Mensch vorbei und beobachtet ihn bei seiner Tätigkeit. Zugleich weiß der Mann am Schlüsselloch, dass er von einem anderen beobachtet wird. So ist er zugleich Subjekt wie Objekt. Er fühlt sich von dem anderen in seinem Tun bewertet.

Ich möchte dieses Beispiel auf den „Blick" der Religionen aufeinander übertragen. Wenn sich z.B. das Christentum bewusst ist, von anderen beobachtet und beurteilt zu werden, dann wird es sich leichter der eigenen unkonkreten, nicht zu Ende gedachten Aussagen, der Inkonsequenz im Vollzug religiösen Lebens, der Verweigerung von Liebe gegenüber den Mitmenschen bewusst werden. Unter dem Blick der anderen Tradition begegnet man wieder der eigenen. Das kann verunsichern, ebenso aber auch dazu führen, fester im Glauben verankert zu sein. So könnte die Existenz unterschiedlicher religiöser Kulturen dazu führen, auf seinem Weg sicherer zu werden, wenn man offen genug ist für die Anfragen der anderen.

Neben dem Blick ist das Gespräch ein Bild für ein fruchtbares Miteinander der Religionen. Christen glauben an einen dreifaltigen Gott, der miteinander im Gespräch ist und bleibt. Anschaulich wird das z.B. in der Ikone „Gastfreundschaft" von Andrej Rublëv (1380-1430). Das Bild bezieht sich auf Gen 18,1-15, wo Abraham in drei vorbeikommenden Männern Gott erkennt und sie gastlich bewirtet. Die Ikone zeigt aber nicht die Gastfreundschaft Abrahams. Er ist ebenso wie seine Frau Sara auf dem Bild nicht zu sehen. Stattdessen sitzen die drei Männer in Gestalt von Engeln um einen Tisch und unterhalten sich angeregt. Auf dem

Tisch ist kein geschlachtetes Tier, sondern eine Schale mit Hostien zu sehen. Das Bild zeigt die Gastfreundschaft der göttlichen Personen zueinander – und zu den Menschen, denen sie in Form der Eucharistie Anteil an ihrem Dialog geben. Miteinander in friedlicher Absicht zu sprechen, ist also Mitvollzug der göttlichen Kommunikation. Der Dialog der Religionen ist gleichsam ein Vorgriff auf die Vollendung im Reich Gottes.

Dass es sich lohnen kann, sich dem Blick und den Worten einer anderen Kultur zu öffnen, zeigt die Formulierung des Hindu Keshab Chandra Sen, der 1882 versuchte, Indern die christliche Trinitätslehre zu erklären. Er schrieb: „Gottheit, die zur Menschheit herabsteigt, ist der Sohn; Gottheit, die die Menschheit zum Himmel trägt, ist der heilige Geist. Dies ist die ganze Weisheit der Erlösung." Einfacher und treffender hätte man es nicht ausdrücken können.

8 Pflastersteine des Weges

8.1 Ein Ethos für alle?

Um einer weitgehend verunsicherten Menschheit ohne Werte Orientierung zu schaffen und dem Katalog der

Menschenrechte elementare Menschenpflichten hinzu-zufügen, wurde 1993 auf Initiative des Theologen Hans Küng von Vertretern von 125 Religionen bzw, religiösen Traditionen eine „Erklärung zum Weltethos" veröffent-licht. Die Beteiligten versuchten dabei, allen gemein-same ethische Prinzipien, „den kleinsten gemeinsamen Nenner", zu formulieren. Die Forderung nach einem Verhalten der Menschlichkeit und die „Goldene Regel", die das Verhalten gegenüber dem Nächsten rückbindet an das, was man selber gutheißen würde, wurden dabei als gemeinsames Gut erkannt.

Ausgehend von den biblischen Geboten „Du sollst nicht töten", „... nicht stehlen", „... nicht lügen" und – etwas verändert – „... nicht Unzucht treiben" wurden vier gemeinsame Werte formuliert:

- Gewaltlosigkeit und Ehrfurcht vor dem Leben
- Solidarität und eine gerechte Wirtschaftsordnung
- Toleranz und ein Leben in Wahrhaftigkeit
- Gleichberechtigung und Partnerschaft von Mann und Frau.

2018 wurde – als Antwort auf die zunehmende Klimakrise – ein fünfter Wert hinzugefügt:

- Nachhaltigkeit und Sorge für die Erde.

Eine Stiftung in Tübingen bemüht sich, durch Forschung und Fortbildung ein zunehmendes Bewusstsein für diese Gemeinsamkeiten und die Notwendigkeit, Werte gegen die Krisen der heutigen Zeit zu stellen, zu entwickeln. Auch einige andere Länder haben solche Stiftungen gegründet.

Hans Küngs Initiative ist zur damaligen Zeit viel beachtet, aber auch kritisiert worden. Zunächst muss man natürlich feststellen, dass jeder Versuch, Vertreter verschiedener Religionen an einen Tisch und ins Gespräch zu bringen (vgl. 7.5), einen wichtigen Schritt darstellt, auch wenn das „Weltparlament der Religionen" keine wirkliche Legitimität besitzt, weil es kein institutionalisiertes demokratisches Verfahren für seine Zusammensetzung gibt. Zudem drückt sich in der Erklärung der Wunsch aus, Verantwortung zu übernehmen für die Bewältigung von Problemen, zu denen die Religionen in der Vergangenheit selber oft beigetragen haben.

Andererseits verdeckt der kleinste gemeinsame Nenner die unterschiedlichen Traditionen und Begründungszu-sammenhänge der beteiligten Religionen. Sich nur auf das Gemeinsame zu konzentrieren, hilft nicht, das Andere des anderen besser zu verstehen und zu schätzen. Man unterläge sonst der Illusion, man könne sozusagen ein ethisches Konzentrat herauslösen, das unabhängig von der jeweiligen Theologie funktioniert. Das erinnert ein wenig an Lessings Überlegungen zu einer „natürlichen Religion", die seiner Meinung nach die eigentliche ist, während alles andere historisch zufälliges Beiwerk bleibt.

Die Erklärung appelliert weitgehend an die Einsicht und den guten Willen der Menschen. Während man die Verletzung der Menschenrechte juristisch einklagen kann, ist das bei der Nichterfüllung positiver Werte schwer zu bewerkstelligen. Wer beurteilt beispielsweise, wie sich Gleichberechtigung wirklich äußert oder wie Nachhaltigkeit im Alltag gelebt werden kann? Es steht auch zu befürchten, dass z.B. der Begriff Menschlichkeit in unterschiedlichen Traditionen unterschiedlich verstanden wird. In der Erklärung schimmert immer wieder die durch die Aufklärung bestimmte Terminologie des Westens durch.

Dialog der Religionen bedeutet gerade, von dem zu reden, was einem wesentlich ist, und dem anderen zuzuhören, was ihm wichtig ist, so fremd es zunächst auch sein mag. Martin Buber verglich die Religionen einmal mit Häusern. Jeder könne nur in seinem Haus wirksam sein. Das hindere ihn aber nicht daran, die

Fenster weit aufzureißen und mit den Bewohnern anderer Häuser zu kommunizieren.

Trotz aller kritischen Überlegungen ist das Weltethos ein Schritt auf dem Weg, den die Religionen gemeinsam gehen müssen. Nicht zuletzt könnte es den Blick schärfen für die Verantwortung, die sie für Menschen einer zusammenwachsenden, aber immer unübersichtlicheren Welt besitzen.

8.2 Offen für Gott

Mystische Erfahrung übersteigt oft die Grenzen der überkommenen Religiosität. Gott lässt sich nicht auf einen Gegenstand gelernten Glaubens und theologischen Argumentierens reduzieren, er will dem Menschen begegnen. Diese Erfahrungsdimension auszuklammern, führt im Laufe der Zeit zu einer Austrocknung des Glaubens. „Der Christ der Zukunft wird ein Mystiker sein oder er wird nicht mehr sein", ist ein bekannter Satz des Theologen Karl Rahner (1904-1984). Welchen Sinn soll auch eine Religion haben, wenn sie nicht zu einer Beziehung zu Gott führt. Mystiker werden dann immer noch die Glaubenssätze und Riten ihrer Religion mitvollziehen, doch sie spüren, dass das

182

Entscheidende jenseits ihrer Grenzen liegt. Das Gemeinsame, das ein Dialog der Religionen schaffen soll, hat die Mystik längst im Blick.

Was den Mystiker antreibt, ist seine Liebe zu Gott. Liebe zielt in allem auf den Geliebten, von dem man nicht mehr lassen möchte. Wer Gott verehrt und seine Gebote hält, weil er Angst vor Bestrafung oder Hoffnung auf Belohnung hat, bleibt an der Oberfläche. Denn Gott ist nicht der autoritäre Herrscher, dem man zitternd gehorcht, er neigt sich vielmehr dem Menschen zu in der Hoffnung, dass seine Liebe von diesem erwidert werde. Der Mystiker lebt nicht vor Gott, er lebt mit oder sogar in Gott.

Die großen Mystiker werden häufig als „Leistungssportler" des Gottesbezugs angesehen. In gewisser Hinsicht ist aber jeder bewusste Christ (Muslim, Jude...) ein Mystiker. Mystik ist ein Weg und nicht nur das Ziel; sie kann den Alltag des Gläubigen durchdringen. Der Theologe Reinhard Körner definiert: „Ein theistischer Mystiker ist ... ein Mensch, der im Innern seines Herzens mit dem Gott lebt, an den er glaubt, und der aus dieser ‚Zweisamkeit' heraus so zu denken und zu handeln versucht, wie es seinem Gott entspricht." Lebendiger Glaube ist also ein Lebensweg, auf dem man sich der

Gegenwart Gottes, der mitwandert, immer bewusst bleibt.

Der chassidische Rabbi Nachman von Bratzlaw (1772-1811) wies darauf hin, dass der Mensch immer von Gottes Sonne beschienen werde. Er mache sich selber den Schatten, der ihn hindere, das göttliche Licht wahrzunehmen. Der Chassidismus war eine Frömmigkeitsbewegung, in der begeisterte Propheten die Menschen anleiteten, dem göttlichen Funken in sich Raum zu öffnen. Ähnlich wie in der Sufi-Bewegung im Islam konnte sich die Begeisterung, Gottes Kraft in sich zu spüren, in tänzerischer Ekstase äußern. In der Bewegung „verliert" der Übende seine Selbstbezogenheit. Weil er sich von den irdischen Dingen nicht besetzen lässt, bleibt er frei, dem Göttlichen Heimat zu werden. Der Sufi lernt durch ein ständiges Wiederholen des Gottesnamens Gott in seinen Alltag hineinzuholen und ihn bei allen seinen Verrichtungen vor Augen zu haben. Wenn es möglich ist, beim Gebet ans Geschäft zu denken, warum soll es nicht möglich sein, beim Geschäft ans Gebet zu denken, fragte sich ein chassidischer Rabbi.

Wer Wein in ein Glas voller Wasser gießen wolle, müsse erst das Wasser ausgießen, formulierte der christliche

Mystiker Meister Eckhart (ca. 1260-1328). Sonst passe der Wein nicht hinein, oder es gebe ein geschmackloses Gemisch. Und viele Gläubige sind ein solch laffes „Gesöff". Ein bisschen Gott hat da noch seinen Platz, aber das meiste ist „nur Wasser". Wer also Gott in sich einlassen wolle, müsse sich selber erst „ausgießen". Ein anderes Bild, von einem unentdeckten Schatz im Innern, macht deutlicher, dass Gott immer schon in uns ist. Wir Menschen haben nur eine Menge „Unrat" auf den Schatz gehäuft, sodass wir ihn selber nicht wahrnehmen können. Es gilt, Gott in sich wieder „freizuschaufeln". Was Meister Eckhart meint, formuliert der Apostel Paulus in Gal 2,20: „Nicht mehr ich lebe, sondern Christus lebt in mir". Die Sehnsucht, sich mit Gott zu vereinigen, lässt den Menschen zum „Gefäß" werden, bereit, sich Gott zu öffnen.

Der muslimische Mystiker Al-Hallaj (858-922) fragte Gott in einer Version, wer dieser sei, und dieser antwortete: „Du". Darauf rief Al-Hallaj aus, er sei die absolute Wahrheit, also Gott. Seine Gegner empfanden das als einen unrechtmäßigen Übergriff. Da der Mystiker außerdem die Mächtigen ärgerte, indem er soziale Missstände kritisierte, endete er am Kreuz, ein „Märtyrer der Gottesliebe". Eine Sufigeschichte versuchte später Al-Hallajs Ausspruch verständlich zu machen: Ein Liebhaber klopft an die Tür der Geliebten. Als sie fragt, wer da sei, antwortet er: „Ich bin es". Sie hält die Tür verschlossen. Wieder klopft er und erhält dieselbe Frage. Auf die Antwort „Es ist du" wird ihm geöffnet. Und der Dichter und Mystiker Rumi (1207-1273) schrieb, ein Mensch, der von sich sage, er sei ein Knecht Gottes, sehe immer noch ein Gegenüber, eine Differenz. Sagt er „Ich bin Gott", habe er sich selbst aufgegeben. Er sei dann niemand, Gott sei alles in ihm.

Ein solcher Niemand zu werden, ein Niemand zu sein, fällt aber außerordentlich schwer und bedarf in der Regel ausdauernder Übung. Alles, was dem Menschen durch den Kopf geht, alle Ablenkungen und Zerstreuungen, jeder sorgende Blick in die Zukunft, hält seinen Geist an sich selber fest und verhindert den Eintritt des Göttlichen. Meditative Übung zielt auf die Leere, ein völliges Dunkel des Bewusstseins. Ein englischer Mystiker sprach von der „Wolke des Nichtwissens". In dieses Dunkel einzutreten, bedarf besonderen Mutes und eines unbedingten Wunsches. Doch auch diesen Wunsch gilt es wieder zu vergessen, denn man kann das Ergebnis nicht anzielen, man kann sich nur immer weiter öffnen. Der Durchbruch (die Erleuchtung) kommt nicht beim Sitzen, sagt man im Zazen. Er kommt vielleicht beim

Geschirrspülen oder einer anderen täglichen Verrichtung. Wenn Jesus dazu auffordert, sich an den Vögeln des Himmels und den Lilien des Feldes zu orientieren (Mt 6, 25-34), dann meint er diese völlige Offenheit für Gottes Gegenwart. Meister Eckhart sagte: „Denn wer Gott in einer bestimmten Weise sucht, der nimmt die Weise und verfehlt Gott. Wer aber Gott ohne Weise sucht, der erfasst ihn, wie er in sich selbst ist."

Der Sufimystiker Bajezid Bistami schrieb: „Dreißig Jahre lang ging ich auf der Suche nach Gott, und als ich am Ende dieser Zeit die Augen geöffnet hatte, entdeckte ich, dass er es war, der mich suchte."

„Mein Vater war ein heimatloser Aramäer." (Dtn 26,5) Andere Völker führten stolz ihre Geschichte auf Götter oder besondere Helden zurück. Israel betont dagegen die geringe Abkunft, aus der Gott sein Volk in die Freiheit geführt hat. Es wurde als ein Volk auf dem Wege gegründet, und auch sein Gott brauchte keine feste Wohnung, ein Zelt genügte. Zwar wurde der eher chaotische Zustand der Anfangszeit bald durch feste staatliche Strukturen abgelöst, doch ging die Erinnerung an die nomadische Vergangenheit nie ganz verloren. Wenn Israel seinen Gott als festen Besitz glaubte, war es schon in der Gefahr, ihn für falsche Politik und soziale

Ungerechtigkeit zu vereinnahmen. Denn es ist Gottes Volk auf dem Wege, bereit, sich von ihm leiten zu lassen. Auch Jesus war auf dem Wege. Auf seinen Wanderungen unterrichtete er die Menschen und bildete die Gemeinschaft seiner Jünger. Sie sollten ihm „nachfolgen", d.h. hinter ihm hergehen, ihn als Vorbild immer im Blick haben. Aber auch diese Lebensweise hat ihren Preis. „Die Füchse haben Höhlen und die Vögel des Himmels Nester; der Menschensohn aber hat keinen Ort, wo er sein Haupt hinlegen kann." (Lk 9,58)

Paulus vergleicht in 2 Kor 5,1ff. das irdische Leben mit einem Zelt, dem später die himmlischen Wohnungen folgen werden. Das Bild des Zeltes veranschaulicht aber nicht nur die unvermeidliche Begrenzung des Lebens, sondern auch den Weg des Gottesvolkes in der Geschichte. Auch die Kirche sollte Gott nicht wie einen Besitz verwalten, sondern auf der Suche nach ihm bleiben. Das Bild der Konzilserklärung „Lumen Gentium" vom „wandernden Gottesvolk" macht diese Dynamik deutlich. GL 478 nimmt dieses Bild auf und spricht von „Gottes Zelt auf Erden", in dem er wirkt. Die Kirche ist eben keine wehrhafte Burg, auch kein festes Haus, sie ist und bleibt auf dem Weg.

Während meines Studiums war ich mit Studenten befreundet, die Teile einer Wohngemeinschaft waren.

Diese ökumenisch zusammengesetzte Gruppe lebte nicht nur zusammen, sondern betete auch gemeinsam. Ihre „Gemeinschaft" nannte sie „Zelt": Auch hier drückte sich eine bewusste Spiritualität aus: Nicht nur der einzelne junge Mensch war auf dem Wege und musste seine Bestimmung finden, sondern man unterstützte sich gemeinsam in diesem Prozess. Der Glaube hat einen Wegcharakter und sollte ihn behalten. Wer sich auf den Weg zu Gott aufmacht, erkennt schließlich, dass Gott ihn immer schon gefunden hat

8.4 Exkurs: Wege der Freundschaft (die Aleviten)

Synkretistische Religionen (Mischreligionen) sind zunächst sehr problematisch. Denn Religiosität ist kein Warenhaus, in dem man sich je nach Lust und Laune bedienen kann. Allerdings muss eine Religion, die historisch und sozial „auf dem Wege" gewachsen ist, anders beurteilt werden. Auch die bekannten Weltreligionen haben ja wichtige Bestandteile ihrer Vorläufer übernommen.

Über die Aleviten zu schreiben, bedingt freilich manche Schwierigkeit. Spricht man mit ihnen, dann sehen sie in erster Linie ihre Identität darin, Opfer zu sein, eine unterprivilegierte Gruppe im Laufe ihrer historischen Entwicklung und eine verfolgte Minderheit in der Türkei während der letzten hundert Jahre. Viele Aleviten wissen dagegen kaum, was ihre Religion lehrt und wie sie feiert. Das hängt zunächst mit den Verfolgungen zusammen. Man „versteckte" seine Religiosität so lange, bis man sie selber nicht mehr kannte. Ebenso hängt es aber damit zusammen, dass der Alevismus keine festgeschriebene Dogmatik kennt. Zwar gibt es heilige Texte, die wertgeschätzt werden, aber (evtl. außer dem Koran) keine verbindlichen Schriften. Zu wesentlichen Fragen, z.B. des Gottesbildes oder der Existenz nach dem Tode, geben Gelehrte unterschiedliche Auskunft. Und manche Aussage basiert auf Gedichten alevitischer Mystiker, deren Lehre vielleicht nur einen Teil der Gesamttradition wiedergibt.

Der Alevismus entstand Schritt für Schritt auf der Wanderung. Nomadisierende Turk-Stämme aus den zentralasiatischen Steppen, die ihre schamanistischen Traditionen mitbrachten, siedelten sich zunächst im nördlichen Bereich des Iran an. Dort hatten arabische Eroberer, die den sunnitischen Islam vertraten, das Persische Reich unter ihre Gewalt gebracht. Zwar zeigte sich bald, dass man iranische Beamte und Gelehrte dingend brauchte, um das riesige Gebiet zusammenzuhalten, doch wurde die einheimische Religion, die sich auf den Propheten Zarathustra berief, unterdrückt. In dieser Situation taten sich die machtlosen Gruppen der Zoroastrier, der schiitischen Muslime, die der Abstammungslinie des Kalifen Ali treu blieben, und die Aleviten zusammen und vermischten ihre Lehren teilweise. So kommt es z.B., dass sich die Aleviten auf Ali und seine Nachfahren und deren Verfolgungsgeschichte berufen, in ihren Feiern und Geboten aber ganz anderen Traditionen folgen als der des Islam. Auch Vorstellungen des Buddhismus (Reinkarnation) wurden teilweise integriert. Als die Aleviten nach Anatolien kamen, lernten sie dort das Christentum und griechische Philosophie kennen. Von den Griechen übernahmen sie die absolute Wertschätzung des Menschen (Protagoras: „Der Mensch ist das Maß aller Dinge.") und seiner Freiheit.

Niemals in ihrer Geschichte saßen die nomadisierenden Stämme an den Schalthebeln staatlichen Einflusses. Als Reaktion auf die Erfahrung, dass die Mächtigen ihnen nie gleiche Rechte zugestanden und sich um ihre Wohlfahrt nicht gekümmert hatten, entwickelten die Aleviten eigene Strukturen, die ihre gesellschaftliche Gruppe zusammenhielten und das Überleben sicherten. Freundschaft und Kontrolle durchdrangen sich dabei gegenseitig.

Freundschaft charakterisiert auch das Verhältnis des Menschen zu Gott. Gott wird geradezu durch dieses Verhältnis definiert, denn der Mensch gilt als Spiegel und Zeuge Gottes. Nur indem er sich im Menschen wahrnehmen kann, wird sich Gott seiner selbst bewusst. Umgekehrt ist der Mensch das „Medium" Gottes nach außen. Damit kommt ihm gegenüber der restlichen Natur ein besonderer Wert zu. Neben diesem personalen Gottesbild gibt es heute, aber auch in bestimmten Zweigen alevitischer Tradition, ein apersonales, pantheistisches. Hier drückt sich Gott als Kraft aus in allem, was existiert, vor allem natürlich im Menschen und in der liebevollen Freundschaft der Menschen untereinander. Aleviten kennen eine Stufenleiter charakterlicher Entwicklung („vier Tore und vierzig Stufen"), durch die sich der Gläubige immer mehr vervollkommnen kann, bis er der „vollkommene Mensch" geworden ist. Als solcher ist er gleichsam Gott gleich und wird (soweit Aleviten an Wiederkunft glauben) auch nicht wiedergeboren. Wichtige Hilfe auf diesem spirituellen und ethischen Entwicklungsweg leistet der Dede (Führer oder Lehrer, wörtlich Großvater), der seinen Schüler (Talip) regelmäßig befragt und ihn auf den rechten Weg weist. Die Dede-Funktion wird in der Regel in der Familie vererbt.

Eine weitere Hilfe ist die „Wegbruderschaft". Zwei Männer bzw. zwei Ehepaare entscheiden sich, ihr weiteres Leben als „Geschwister" zu begehen. Sie gelten dann auch als verwandt und unterstützen sich emotional und materiell in allen Situationen des Lebens. Als vollständiger Alevit gilt nur, wer eine solche Wegbruderschaft eingegangen ist. Innerhalb der Gemeinschaft haben die Geschwister die erste Kontrollfunktion, ob sich der andere an die Regeln hält und auf seinem spirituellen Weg vorankommt.

Ort der Feier, der Belehrung und Versöhnung ist der Cem, eine rituelle Versammlung der Gemeinschaft. Hier bekennt derjenige, der wichtige Regeln gebrochen hat, sein Vergehen und bekommt von den anderen die Vergebung zugesagt. Sollte er seine Schuld nicht einsehen, wäre als schlimmste Strafe vorgesehen, ihn aus der Gemeinschaft auszustoßen. Symbolischer Ausdruck der eigenen Religiosität ist der Semah-Tanz. Die Tänzer und Tänzerinnen bewegen sich im Kreis und ebenso um die eigene Achse. Die rechte Handinnenfläche zeigt dabei zum Himmel, die linke zur Erde. So bilden die Tanzenden einerseits den Lauf der Gestirne um die Sonne ab. Sie schwingen sich in die Harmonie der Natur ein und stellen den Flug des Kranichs nach. Andererseits versinnbildlichen sie die Mittlerstellung des

Menschen, der die Verbindung von Himmel und Erde darstellt und damit das Zentrum der ganzen Schöpfung bildet. Das gilt für Männer und Frauen in gleichem Maße. Die Geschlechter sind für Aleviten vollkommen gleich. Gemeinsames Essen und Trinken vervollständigen den Cem. Der Genuss von Wein gehört konstitutiv dazu.

Diese zentralen Sitten der Aleviten weisen noch auf die überschaubare Welt der Nomaden in ihren Zelten hin. Den „herrschenden" Religionen Islam und Christentum werfen sie zu Recht vor, dass sie ihre freiheitlichen Ursprünge bald vergessen und eine Feudalordnung ausgeprägt haben. Die Eliten hätten ihre Vorteile darin gesehen, die Armen und Unterprivilegierten auszupressen. Sie hätten den Zwang in die Mitte ihrer Religion gestellt. Die Behauptung, der Alevismus sei menschlicher und damit ethisch überlegen, krankt aber an der Tatsache, dass die Aleviten niemals in die Versuchung der Macht geraten sind. Die Kontrollmechanismen ihrer Gemeinschaft könnten – falsch angewandt – sehr wohl auch Mittel des Zwangs werden.

9 Gott und die Herausforderungen des Alltags - ein Beispiel

Dag Hammarskjöld wurde 1905 in Jönköping (Schweden) als Spross eines alten, einflussreichen Adelsgeschlechts geboren. Sein Vater war in der Zeit des Ersten Weltkriegs parteiloser Ministerpräsident und hatte während seiner Laufbahn auch andere Regierungsämter inne. Er vermittelte dem Sohn Pflichterfüllung für das Vaterland und den Willen, für seine Überzeugungen zu stehen, auch wenn Nachteile damit verbunden wären. Dags Mutter, zu der er einen sehr engen Kontakt hatte, stammte aus einer Pfarrers- und Gelehrtenfamilie. Von ihr lernte er Sensibilität für die Nöte der anderen und die Überzeugung, dass alle Menschen in gleicher Weise Kinder Gottes seien.

Dag erbte außerdem eine hohe Intelligenz, die es ihm ermöglichte, die Schule mit Bestnoten abzuschließen und auch sein Studium in Uppsala – Wirtschaftswissenschaft, Jura, Philosophie, Literaturwissenschaft, Französisch – erfolgreich zu absolvieren. Kehrseite dieser Erfolgsgeschichte war das Gefühl innerer Einsamkeit, die nicht zuletzt einer gewissen Selbstgefälligkeit, aber auch seiner Schüchternheit entspross. Dag hatte Probleme, seine Emotionen offen zu zeigen. Obwohl er durchaus als attraktiv angesehen wurde, war er nie verheiratet. Er hätte es einer Frau auch nicht zumuten wollen, sein Leben als Diplomat mit großer Mobilität und wenig häuslichem Freiraum zu ertragen.

Trotz seiner Erfolge war er lange Zeit unsicher über seinen Lebensweg. Er suchte seine Bestimmung, die Tätigkeit, für die es wert wäre, sich aufzuopfern. Zudem analysierte er in selbstkritischer Weise seinen Charakter. Er stellte fest, dass sein Selbstbezug, eine gewisse Überheblichkeit, ihn daran hinderte, sein Leben sinnvoll zu gestalten. („Er bewahrte das Leben, das er nicht wagte. - Und er beklagte sich darüber, dass man ihn nicht verstand.") Über diese Selbstbetrachtung führte er ein Tagebuch, das er auch später bis zu seinem Tod weiterführte. Es wurde unter dem Titel „Wegzeichen" veröffentlicht.

Unterdessen machte Dag Hammarskjöld Karriere und besetzte wichtige Regierungsämter im finanz- und später im außenpolitischen Bereich. Der Zufall wollte es, dass das Ende seiner inneren Krise und die Gewissheit, was das Leben von ihm verlangte, fast gleichzeitig mit seiner wichtigsten Berufung erfolgte. („Dem Vergangenen: Dank, dem Kommenden: Ja!") 1953 wurde Dag Hammarskjöld zum UN-Generalsekretär berufen. Mit intensiver Reise- und Verhandlungstätigkeit, ebenso aber auch mit einer Strukturierung der Vereinten Nationen und dem Aufbau der Blauhelm-Truppe, die die Aufgabe hatte, verfeindete Armeen auseinander zu halten, hauchte er der UNO Leben ein. Dabei sah er sich besonders als Sachwalter der Interessen „kleiner" Staaten, die oft gerade erst in die Unabhängigkeit entlassen worden waren, und nicht einseitig als Interessenvertreter der Großmächte. Für diese Haltung wurde er häufig angefeindet. Mit seinem Verhandlungs- geschick löste er manchen internationalen Konflikt, z.B. die Suez-Krise 1956, erlebte aber auch die Grenzen seiner Möglichkeiten. 1961 stürzte sein Flugzeug ab, als er gerade dabei war, in der Kongo-Krise zu vermitteln. Es ist bis heute nicht geklärt, ob es sich um ein Attentat gehandelt hat. Wenige Wochen nach seinem Tod wurde Dag Hammarskjöld der Friedensnobelpreis verliehen.

In der Zeit seiner Krise setzte sich Hammarskjöld auch mit seinem Verhältnis zu Gott auseinander. Er kritisierte die Neigung zu glauben und es doch nicht wirklich ernst zu meinen: „Gott ist eine bequeme Formel auf dem Bücherbrett des Lebens – stets zur Hand und selten ge- braucht." Instinktiv verachtete er aber jede Halb- herzigkeit. So intensivierte das Bewusstsein seiner Einsamkeit auch die Suche nach der rechten Gottesbeziehung. In der Auseinandersetzung mit seiner Ichbe-zogenheit erkannte er zunehmend die religiöse Dimen-sion, denn „je weniger Gott, desto mehr Ego".

Zwei Theologen und Friedensnobelpreisträger wiesen ihm den Weg für seine spätere Entwicklung. Nathan Söderblom (1866-1931), Erzbischof von Uppsala und Freund der Familie Hammarskjöld, setzte sich im Rahmen der von ihm gegründeten Bewegung „Life and Work" für Frieden, Versöhnung und Gerechtigkeit unter den Völkern ein. (Friedensnobelpreis 1930). Auch in kirchlichen Angelegenheiten dachte der Lutheraner ökumenisch. Er entwickelte den Begriff der „evange-lischen Katholizität". Sie wurzele in Christus und dem Heiligen Geist und habe ihren Ort im Glauben des Einzelnen. Kirchliche Strukturen seien dagegen sekun-där. Sie ergäben sich erst aus der Glaubens- und Gemeinschaftserfahrung der Menschen. Die einzelnen Konfessionen seien der Leib der Kirche. Ihre Seele sei aber der in ihnen wirkende Geist. Ihm komme allein Heilsbedeutung zu. Hammarskjöld formulierte: „Wer Gott liebt, hat keine Religion außer Gott."

Ökumenische Weite bewies er auch bei der Einrichtung eines Schweige- und Meditationsraumes im Hauptge-bäude der UNO in New York. In einem dunklen Raum steht ein anthrazitgrauer Quader aus schwedischem

Eisenerz, auf den ein künstlicher Lichtstrahl fällt. Gott kann die Dunkelheit des Schweigens mit Licht erfüllen. Symbole der verschiedenen Religionen findet man in dem Raum nicht.

Den Theologen, Philosophen, Musikwissenschaftler und Arzt Albert Schweitzer (1875-1965), Friedensnobelpreisträger 1952, lernte Hammarskjöld während seiner diplomatischen Tätigkeit kennen. Seine Publikationen über das Leben Jesu und über die Ehrfurcht vor dem Leben hatten ihn aber schon zuvor beeinflusst. Von Schweitzer übernahm er den Gedanken, dass Jesus auf ein Wagnis hin zu seinem Opfer bereit gewesen sei. Er habe letztlich nicht gewusst, ob sein Kreuzestod irgendeine positive Wirkung haben würde. Seine Liebe zu Gott und zu den Menschen sei aber so groß gewesen, dass er diesen Schritt gewagt habe. Die Bereitschaft, sich zu „opfern", sich ganz in seine Aufgabe hineinzugeben, sich für eine friedliche Weltordnung einzusetzen, ohne auf die Bewertung durch die Mitwelt zu schielen, bedeutete für Hammarskjöld sein „Ja" zum Leben.

Ein altes Sprichwort besage, dass der Sinn eines Gefäßes nicht in dessen äußerer Gestalt, sondern in der Leere liege. Sich von den eigenen Egoismen zu befreien, bedeutet für Hammarskjöld Gott in sich Raum zu geben.

In Anlehnung an Gal 2,20 formulierte er: „Nicht ich, sondern Gott in mir." Wer aber nicht mehr um sich selber kreist, ist frei, sich für andere einzusetzen, sich – wenn nötig – zu opfern.

Hammarskjöld betonte die Bedeutung des Augenblicks, der immer wieder neu die Offenheit für Gottes Willen erfordert: „Jeden Morgen soll die Schale unseres Lebens neu hingehalten werden, um aufzunehmen, zu tragen und zurückzugeben. Leer hinreichen – denn was vorher war, soll sich nur spiegeln in ihrer Klarheit, ihrer Form und ihrer Weite." Seine Mystik war keine Flucht aus der Welt, sondern die Bereitschaft, seine Verantwortung in jedem Augenblick von Gott anzunehmen und zu tragen.

Literaturangaben zu den jeweiligen Kapiteln

Kapitel 1.1

Regina Oehler, Gott als Hirngespinst?, in: Volker Bernius u.a.
(Hrsg.), Religion und Gesellschaft, Berlin 2010, 136-147.
Rüdiger Vaas, Lohnender Luxus:
www.wissenschaft.de/allgemein/lohnender-luxus/
Ingeborg Breuer, Warum haben alle Kulturen eine Religion
entwickelt?: www.deutschlandfunk.de/warum-haben-alle-kulturen-
eine-religion-entwickelt.1148.de.html?dram:article_id=180467
Heinrich Fries, Grundelemente der Religiosität, in : Funkkolleg
Religion, STE 1, Tübingen 1983.
Karl-Heinz Ohlig, Religion in der Geschichte der Menschheit,
Darmstadt 2002, 22-108.

Kapitel 1.2

Karl-Heinz Ohlig, Religion in der Geschichte der Menschheit,
Darmstadt 2002, 109-156.
Mircea Eliade, Geschichte der religiösen Ideen, Bd. 1, Freiburg
1978, 62-86,144-154.
Michael Kerrigan u.a., Im Banne Baals (Mythen der Menschheit),
Amsterdam 1998.

Kapitel 1.3

Rainer Albertz, Art. Mensch II, in TRE; Bd. 22, Berlin 2000, 464-
470.
Christoph Dohmen, Zwischen Gott und Welt, in: Erwin Dirscherl
u.a., In Beziehung leben, Freiburg 2008, 7-45.
Bernd Janowski, Anthropologie des Alten Testaments, Tübingen
2019.
Karl Löning – Erich Zenger, Als Anfang schuf Gott, Düsseldorf
1997.

Kapitel 2.1

Norbert Lohfink, Art. Bund, in: Manfred Görg – Bernhard Lang
(Hrsg.), Neues Bibel-Lexikon, Zürich 1990, 344-348.
Jürgen Ebach, Noah (Biblische Gestalten), Leipzig 2. Aufl. 2015.
Karl Löning – Erich Zenger, Als Anfang schuf Gott, Düsseldorf
1997.
Georg Fischer, Genesis 1-11 (HthKAT), Freiburg 2018.

Josef Scharbert, Genesis 1-11 (NEB), Würzburg 2. Aufl. 1985.

Kapitel 2.2

Silvia Schroer, Die Samuelbücher (NSKAT), Stuttgart 1992.
Matthias Klöckert, Abraham (Biblische Gestalten), Leipzig 2017.
Josef Scharbert, Genesis 12-50 (NEB), Würzburg 1986.
Christoph Dohmen, Exodus 19-40 (HthKAT), Freiburg 2004.
Georg Fischer – Dominik Markl, Das Buch Exodus (NSKAT),
Stuttgart 2009.
Erich Zenger, Das Buch Exodus (Geistliche Schriftlesung),
Düsseldorf 1978.

Kapitel 2.3

Georg Fischer, Jeremia 26-52 (HthKAT), Freiburg 2005.
Josef Schreiner, Jeremia (NEB), Würzburg 1984.
Wolfgang Werner, Das Buch Jeremia (NSKAT), Stuttgart 2003.
Wolfgang Schrage, Der erste Brief an die Korinther, Bd. 3 (EKK),
Zürich – Düsseldorf 1999.
Hans-Josef Klauck, 2. Korintherbrief (NEB), Würzburg 1986.
Jakob Petuchowski, Die religiöse Grundlage des Pluralismus:
Freiburger Rundbrief 29 (1977), 33-36.
en.wikipedia.org/wiki/Ecclesia_and_Synagoga#/media/File:Synago
ga_and_Ecclesia_in_Our_Time.jpg

Kapitel 3.1

Erich Zenger, Der Gott der Bibel, Stuugart 1979.
ders., Das Buch Exodus (Geistliche Schriftlesung), Düsseldorf
1977.
Christoph Dohmen, Exodus 1.18 (HthKAT), Freiburg 2015.
Georg Fischer – Dominik Markl, Das Buch Exodus (NSKAT),
Stuttgart 2009.

Kapitel 3.2

Christoph Dohmen, Exodus 19-40 (HthKAT), Freiburg 2004.
Erich Zenger, Das Buch Exodus (Geistliche Schriftlesung),
Düsseldorf 1978.
Georg Fischer – Dominik Markl, Das Buch Exodus (NSKAT),
Stuttgart 2009.
Jürgen Werlitz, Die Bücher der Könige (NSKAT), Stuttgart 2002.
Eberhard Bons, Das Buch Hosea (NSKAT), Stuttgart 1996.

Georg Braulik, Deuteronomium 1-16,17 (NEB), Würzburg 1986.

Kapitel 3.3

Rainer Albertz, Die Exilszeit (Biblische Enzyklopädie), Stuttgart 2001.
Franz Sedlmeier, Das Buch Ezechiel (NSKAT), 2 Bde., Stuttgart 2002 und 2013.
Ulrich Berges, Jesaja 40-48 (HthKAT), Freiburg 2008.
Burkhard M. Zapf, Jesaja 40-55 (NEB), Würzburg 2001.
Ilse Müllner – Peter Dschulnigg, Jüdische und christliche Feste (NEB Themen), Würzburg 2002.

Kapitel 3.4

Georg Fohrer, Glaube und Leben im Judentum, Heidelberg 1979.
Chajim Halevy Donin, Jüdisches Leben, Jerusalem 1987.
Israel Meir Lau, Wie Juden leben, Gütersloh 1088.
Frank-Lothar Hossfeld – Erich Zenger, Die Psalmen, Bd. 3 (NEB), Würzburg 2012.

Kapitel 3.5

Leo Trepp – Günter Mayer, Geschichte des nachbiblischen Judentums in Grundzügen, in: Günter Mayer (Hrsg.), Das Judentum (Die Religionen der Menschheit), Stuttgart 1994, 17-26.
Phillip Sigal – Günter Mayer, Halaka und Leben, a.a.O., 73-86.
Chajim Halevy Donin, Jüdisches Leben, Jerusalem 1987.
Georg Fohrer, Glaube und Leben im Judentum, Heidelberg 1979.

Kapitel 3.6

Walter Groß – Karl-Josef Kuschel, „Ich schaffe Finsternis und Unheil!". Mainz (2. Aufl.) 1995.
Alexander Loichinger – Armin Kreiner, Theodizee in den Weltreligionen, Paderborn 2010, 183-204.
Albrecht Willert, Das Leiden der Menschen und der Glaube an Gott, Göttingen 1997.

Kapitel 4.1

Ulrich Luz, Das Evangelium nach Matthäus, Bd. 2 (EKK), Zürich (3. Aufl.) 1999.
Franz Mußner, Traktat über die Juden, München 1979.

Franz Josef Schierse, Jesus und das Judentum seiner Zeit. Aus der Sicht eines katholischen Exegeten, in: Willehard Paul Eckert – Hans Hermann Henrix (Hrsg.), Jesu Jude-Sein als Zugang zum Judentum, Aachen 1976, 50-68.
Johann Maier, Jesus von Nazaret und sein Verhältnis zum Judentum. Aus der Sicht eines Judaisten, a.a.O., 69-113.
Roman Heiligenthal, Der Lebensweg Jesu von Nazareth, Stuttgart 1994.

Kapitel 4.2

Joachim Gnilka, Jesus von Nazaret, Freiburg (3. Aufl.) 1993.
Eberhard Schockenhoff, Die Bergpredigt, Freiburg 2014.
Reinhard Körner, Das Vaterunser, Leipzig 2002.

Kapitel 4.3

Willibald Bösen, In Bethlehem geboren, Freiburg 1999.
Rudolf Schnackenburg, Das Johannesevangelium (HthKNT), Bd. 1, Freiburg (4. Aufl.) 1979.
Josef Blank, Das Evangelium nach Johannes (Geistliche Schriftlesung), Bd. 1a, Düsseldorf 1981.
Klaus Wengst, Das Johannesevangelium (ThKNT), Bd. 1, Stuttgart 2000.
Otto Bischofberger, Feiern des Lebens, Fribourg 1994.

Kapitel 4.4

Franz Zeilinger, Zum Lobpreis seiner Herrlichkeit, Wien 1988, 66-90.
Joachim Gnilka, Der Philipperbrief (HthKNT), Freiburg 1968.
ders., Das Evangelium nach Markus (EKK), Bd. 2, Zürich 1979.
ders., Jesus von Nazaret, Freiburg (3. Aufl.) 1993.
Thomas Söding, Das Mahl des Herrn, in: Bernd Jochen Hilberath – Dorothea Sattler (Hrsg.), Vorgeschmack (Festschr. Theodor Schneider), Mainz 1995, 134-163.
Willibald Bösen, Der letzte Tag des Jesus von Nazareth, Freiburg 1994.
Edward Schillebeeckx, Jesus, Freiburg 1992.
François Reckinger, Da bin ich mitten unter euch, Freiburg 1981.

Kapitel 5.1

W. Montgomery Watt – Alford T. Welch, Der Islam (Die Religionen der Menschheit), Bd. 1, Stuttgart 1980.
Rudi Paret, Mohammed und der Koran, Stuttgart 1957.
Albert Hourani, Die Geschichte der arabischen Völker, Frankfurt/M. 1992.
Claude Cahen, Der Islam (Fischer Weltgeschichte), Bd. 1, Frankfurt/M. 1968.

Kapitel 5.2

W. Montgomery Watt – Alford T. Welch, Der Islam (Die Religionen der Menschheit), Bd. 1, Stuttgart 1980.
Rudi Paret, Mohammed und der Koran, Stuttgart 1957.
Mouhanad Khorchide, Gottes Offenbarung in Menschenwort (HthKK), Freiburg 2018.
Hans Zirker, Islam, Düsseldorf 1993.
Karl-Josef Kuschel, Die Bibel im Koran, Ostfildern 2017.
Heribert Busse, Die theologischen Beziehungen des Islams zu Judentum und Christentum, Darmstadt (2. Aufl.) 1991.

Kapitel 5.3

W. Montgomery Watt – Alford T. Welch, Der Islam (Die Religionen der Menschheit), Bd. 1, Stuttgart 1980.
Rudi Paret, Mohammed und der Koran, Stuttgart (2. Aufl.) 1957.
Hans Zirker, Islam, Düsseldorf 1993.
Mouhanad Khorchide, Islam ist Barmherzigkeit, Freiburg 2018.
ders., Scharia – der missverstandene Gott, Freiburg 2016.

Kapitel 5.4

W. Montgomery Watt – Alford T. Welch, Der Islam (Die Religionen der Menschheit), Bd. 1, Stuttgart 1980.
Tilman Nagel, Geschichte der islamischen Theologie von Mohammed bis zur Gegenwart, München 1994.
Adel Theodor Khoury – Peter Heine, Im Garten Allahs (Kleine Bibliothek der Religionen), Freiburg 1996.
Annemarie Schimmel, Im Namen Allahs, des Allbarmherzigen (Reihe: Weltreligionen), Düsseldorf 1096.
Mouhanad Khorchide, Gottes Offenbarung in Menschenwort (HthKK), Freiburg 2018.
ders., Islam ist Barmherzigkeit, Freiburg (2. Aufl.) 2016.

Kapitel 6.1

Klemens Richter, Was die sakramentalen Zeichen bedeuten, Freiburg 1988.
Hermann Deuser – Armin Burkhardt, Art. Semiotik I und II, in: TRE, Bd. 31, Berlin 2006, 108-134.
Josef Simon – Peter Gerlitz – Werner Brändle, Art. Symbol I, II und III, in: TRE, Bd. 32, Berlin 2006, 479-491.
Theo Sundermeier, Art. Ritus, in: TRE, Bd. 29, Berlin 2006, 259-265.

Kapitel 6.2

Jakob J. Petuchowski, Feiertage des Herrn, Freiburg 1984.
Georg Fohrer, Glaube und Leben im Judentum, Heidelberg 1979.
Israel Meir Lau, Wie Juden leben, Gütersloh 1988.
Alfred Paffenholz, Was macht der Rabbi den ganzen Tag? (Reihe: Weltreligionen), Düsseldorf (2. Aufl.) 1996.

Kapitel 6.3

Johannes H. Emminghaus, Die Messe, Klosterneuburg 1976.
Franz-Josef Nocke, Eucharistie, in: Theodor Schneider (Hrsg.), Handbuch der Dogmatik, Bd. 2, Düsseldorf 1992, 267-305.
Klaus Wengst, Das Johannesevangelium (ThKNT), Bd. 2, Stuttgart 2001.
Josef Blank, Das Evangelium nach Johannes (Geistliche Schriftlesung), Bd. 2, Düsseldorf (2. Aufl.) 1986.

Kapitel 6.4

W. Montgomery Watt -Alford T.Welch, Der Islam (Die Religionen der Menschheit), Bd. 1, Stuttgart 1980.
Sigrid Weiner, Besmele, Donauwörth 1983.
Adel Theodor Khoury – Peter Heine, Der Islam (Kleine Bibliothek der Religionen), Freiburg 1996.
Was jeder vom Islam wissen muss, Gütersloh (3. Aufl.) 1991.

Kapitel 7.1

Medard Kehl, Eschatologie, Würzburg 1986.
Hans Weder, Art. Hoffnung II, in: TRE, Bd. 15, Berlin 1993, 484-491.

Gisbert Greshake, Stärker als der Tod, Mainz (7. Aufl.) 1983

Kapitel 7.2

Peter Hünermann, Erlöst in Jesus Christus, in: Adel Theodor
Khoury – Peter Hünermann (Hrsg.), Was ist Erlösung?, Freiburg
1985.
Edvin Larsson, Art.Heil und Erlösung III, in: TRE, Bd. 14, Berlin
1993, 616-622.
Franz-Josef Nocke, Taufe, in: Theodor Schneider (Hrsg.),
Handbuch der Dogmatik, Bd. 2, Düsseldorf 1992, 226-259.

Kapitel 7.3

Shalom Ben-Chorin, Dein Reich komme: Neue Wege 76 (1982)
206-218.
Ders., Jüdischer Glaube, Tübingen (2. Aufl.) 1979.
Beschluss: Unsere Hoffnung, in: Gemeinsame Synode der
Bestümer in der Bundesrepublik Deutschland, Bd. 1, Freiburg
1976, 84-111.

Kapitel 7.4

Axel Burghausen, Salzes Geschmack, Norderstedt 2021.
Annemarie Schimmel, Im Namen Allahs des Allbarrmherzigen
(Reihe: Weltreligionen), Düsseldorf 1996.

Kapitel 7.5

Sarah Bakewenn, Das Café der Existentialisten, München 2016.
Martin Suhr, Jean-Paul Sartre zur Einführung, Hamburg (5. Aufl.)
2015.
Axel Burghausen, Das Unausspreclhiche … sprechen, Norderstedt
2021.
Francis X. D'Sa, Gott – Person oder Prinzip?, in: Konrad Hilpert –
Karl-Heinz Ohlig (Hrsg.), Der eine Gott in vielen Kulturen, Zürich
1993, 169-200.

Kapitel 8.1

www.weltethos.org
Hanna-Barbara Gerl-Falkovitz, Vom Nutzen und Nachteil des
Weltethos: Die politische Meinung 395 (2002), 44-50.

Kapitel 8.2

Dorothee Sölle; Mystik und Widerstand, Hamburg 1997.
Reinhard Körner, Das Vaterunser, Leipzig 2002.
Muhammad Salim Abdullah, Islam für das Gespräch mit Christen, Gütersloh 1992.
Adel Theodor Khoury – Peter Heine, Der Garten Allahs (Kleine Bibliothek der Religionen), Freiburg 1996.
Was jeder vom Islam wissen muß. Gütersloh (3. Aufl.) 1991.
Gershom Scholem, Die jüdische Mystik, Frankfurt 1980.
Alfred Paffenholz, Das Paradies ist freitags im Badehaus (Reihe: Weltreligionen), Düsseldorf 1995.
Gerhard Wehr, Der Chassidismus, Stuttgart 2009.

Kapitel 8.4

Reza Algül, Der Alevismus,Wien 2915.
Timo Güzelmansur, Gott und Mensch in der Lehre der anatolischen Aleviten, Regensburg 2012.

Kapitel 9

Dorothee Sölle, Mystik und Widerstand, Hamburg 1997.
Lore Kugele, Redlich vor Gott, Sankt Ottilien 2017.
Bernhard Maurer, Dag Hammarskjöld als moderner Mystiker: Geist und Leben 74 (2001), 420-434.

Titelbild:

www.seidenstraße -rundreisen.de/ media/ Seidenstrasse/ Iran/ Hotels/Beduinenzelt/iran-reise-beduinenzelt-koohrang-1.jpg